民事裁判における適正手続

民事裁判における適正手続

戸根住夫

信山社

はしがき

本書は、前著『訴訟と非訟の交錯』の刊行後六年の間に執筆した民事手続法関係の論稿数編を主要内容とする。年齢を重ねるとともに思考の鈍化が自覚されるが、前著と同様、通説の安易な踏襲でなく、あくまでも正当と信ずる基礎理論に準拠して妥協のない推論を展開したつもりである。読者諸子からの忌憚のない批判を期待したい。

第3編の「随想」は、いずれも過去二十余年の間に折に触れ所属法律事務所の広報誌などに寄稿したもので、up to date でない記事も多いがそのまま収録した。本来学術書への登載にそぐわぬ雑文であるけれども、公刊をすすめて下さった向きもあり、諸子の興味を惹くことができれば幸いである。

卒寿を迎えた二〇一四年七月二二日

戸根住夫

目次

5　推定相続人廃除の裁判手続

民事裁判における適正手続

第1編　論　説

1 離婚事件における請求の認諾・放棄、訴訟上の和解、調停

Ⅰ はじめに

婚姻の断絶に厳しいキリスト教思想の影響を受けたドイツ法では、離婚は、配偶者の一方または双方からの申立てに基づく裁判所の裁判によってのみ可能であり、申立てを認容した裁判の確定をもって効力を生ずる（§1564 S.1,2 BGB）。これにひきかえわが民法では、こうした裁判上の離婚（七七〇条）のみならず協議上の離婚（七六三条）も認められ、実際にはむしろこちらの方が多数を占めている。そして最近の立法では、離婚訴訟が終局判決でなく和解、請求の放棄・認諾によっても終了するものと明記し（人事訴訟法三七条）、協議離婚と近似するが異質の（従来は一般に許されぬと解されていた）請求の認諾、訴訟上の和解に基づく離婚にも途が開かれ、また、戦後ほどなく制定された旧家事審判法とこれを承継した現行家事事件手続法の下では、やはり協議離婚と近似するが異質の調停による離婚（同法三編）とその亜流の審判による離婚（同法二八四条以下）が、あまね

く肯認されている。

本稿は、上記のとおりわが現行法制が離婚訴訟の終了原因として認めている上記請求認諾以下の諸形態について、若干の評釈を試みるとともに、立法論と関連実務運用にかかる諸般の問題点をめぐり、私見を開陳する趣旨のものである。

Ⅱ　請求の認諾・放棄

1　請求の認諾

立法者は、人事訴訟一般につき、その特殊性にかんがみ弁論主義の適用に制限を加え職権探知主義を導入するのを相当としており（旧人事訴訟手続法一〇条、一四条、三一条二項、人事訴訟法一九条、二〇条）、その思想の一環として旧人事訴訟手続法一〇条一項後段には、婚姻事件につき民事訴訟法の請求の認諾に関する規定の適用を排除する旨が明記されていた（同旨：§617 a.F.ZPO, §113 Abs.4 Nr.6.FamFG）。もっとも、同法の施行下にあっても離婚事件と離縁事件については、上記規定の文言がわが国の法制で協議離婚と協議離縁が認められているのと整合しないとの理由で、立法論としては請求の認諾を許すべきであるとの見解が有力であったし、進んで若干の説は、当否疑問であるが法解釈上も然りとしていた(1)。そうしたことから、人事訴訟法は、その三七条において離婚の訴えにつき、四四条において離縁の訴えにつき、請求の認諾が請求の放棄、訴訟上の和解と並んで許される旨を明記したのである。

請求の認諾は、弁論準備手続期日においてもすることができるが、その期日に当事者双方が出頭した場合に限る（人事訴訟法三五条三項）。

民事訴訟法五五条一項、二項二号の原則によれば、被告の訴訟代理人は、委任を受けた事件について本人から特別委任を受けたときは、請求の認諾をすることもできることになっている。しかし、離婚訴訟における請求の認諾は、（ことに認諾判決の制度を採用していないわが法制の下では、）調書の記載により直ちに婚姻解消の効果をもたらすもので（民事訴訟法二六七条）、本人の意思決定を絶対に必要とする身分行為と思われるから、本来は代理に親しまぬものと解したい。それ故、実務の慣行については熟知しないけれども、もし離婚訴訟において本人の出頭せぬ期日での訴訟代理人による請求認諾を有効と認め、そのまま調書に記載している例があるとすれば、それは違法で、再審事由（同法三三八条一項三号）を構成するものと考える。

請求認諾の効果については、民事訴訟法の一般原則[(2)]に従う。

2　請求の放棄

旧人事訴訟手続法下において離婚訴訟で請求の放棄が許されるかどうかについては、同法に明文の規定を欠いていたので学説上争いがあったが[(3)]、最高裁判所の判例（平成六年二月一〇日判決・民衆四八巻二号三八八頁）は、これが許されるものとした。そしてこの判旨は、正当であると信ずる。[4] 離婚訴訟における請求の放棄は、請求認諾とは逆方向に婚姻関係の継続をめざしたもので、原告に対して判決によらずに紛争を解決する権能（処分権主義の享受）を認めるのには格別の障碍があると思えないからである。そして人事訴訟法は、その三七条において離婚の訴えにつき、四四条において離縁の訴えにつき、請求の放棄が許される旨を明記した。

離婚訴訟において原告の訴訟代理人が請求の放棄をするには、これにつき本人から特別の委任を受ける必要がある（民事訴訟法五五条二項二号）。ここでの請求の放棄は、（請求の認諾とは違い）本人の意思決定を絶対に必要とする身分行為には当たらないから、代理に親しまぬものではないと解する。

請求放棄の効果については、請求認諾のそれ（前示1）と同じく民事訴訟法の一般原則に従う。請求放棄には（私見によれば）既判力が伴うが、原告が第二の離婚訴訟を提起した場合、放棄後あらたに離婚原因が発生したことを主張、立証すれば勝訴することができる。[5]

（1）　山形地裁昭和四五年三月二五日判決・判時五九五号八八頁、山木戸克己・人事訴訟手続法一二四頁、兼子一＝竹下守夫・条解民事訴訟法七〇八頁、中村英郎「人事訴訟における和解」鈴木＝三ケ月監修・実務民事訴訟講座六―二三八頁。

(2)　この点の私見については、拙稿「請求の放棄、認諾に関する現行法上の問題点」(民商一〇六巻三号、拙書・訴訟と非訟の交錯に所収)を見られたい。
(3)　この点の諸説については、野山宏・本文掲記最高裁判決の解説(最高裁判例解説民事編平成六年度一九六頁以下)に詳しい。
(4)　この結論は、ドイツの学説もおしなべて肯認している。Stein/Jonas/Schlosser, ZPO 21.Aufl. § 617 Rdnr.4.; Rosenberg/Schwab/Gottwald, Zivilprozessrecht 17. Aufl. § 166 Rdnr.40.; Jauernig, Zivilprozessrecht 30.Aufl. § 91 Rdnr.27.; Baumbach/Lauterbach/Albers/Hartmann, ZPO 67.Aufl. FamFG § 113 Rdnr.7.; MünchKomm/Fischer, ZPO 3.Aufl. FamFG § 113 Rdnr.24.; Prütting/Helms, FamFG § 113 Rdnr.34.
(5)　放棄判決の制度を採るドイツ法の解釈として、Stein/Jonas/Schlosser,a.a.O.; MünchKomm/Fischer,a.a.O.; Baumbach/Lauterbach/Albers/Hartmann,a.a.O.; Prütting/Helms,a.a.O.

Ⅲ　訴訟上の和解

1　離婚事件における訴訟上の和解は、当事者間の離婚をめぐる紛争そのものにつき、双方が譲歩して得られた期日における合意を本質的要素とするものである。

和解調書の実務例では、(離婚事件においても)「原告が訴えを取り下げ、被告がこれに同意し、訴訟費用の負担についても両者が一定の合意をする」旨の条項を掲げているものがしばしば見られる。しかし、このような紛争目的物に関する実体法上の合意を含まず訴訟終了の効果をもたらすだけの訴え取下げとその同意は、本来前述した和解の概念に親しまぬものである。それ故、これらが実務の便法に基づく理論上首肯し得ぬ法律文書作成技術によって「和解条項」に取り入れられても、離婚事件につき訴訟上の和解に転化するものでは断じてない。(1)

2　離婚の訴えに併合ないし結合された損害賠償請求（人事訴訟法一七条）や財産分与などの附随処分申立て（同法三二条）については、処分権主義が妥当し、当事者が紛争目的物を処分する権能を有するから、訴訟上の和解を禁ずべき理由はない。しかし離婚訴訟そのものにつき、離婚を命ずる裁判に代え、これとは別形態の訴訟上の和解をもって直接に離婚の効果をもたらし裁判手続を終了させることは、当事者の紛争目的物に対する処分権能の範囲をこえるもので、許されないと解するのが、ドイツにおける学説の一般である。(2)　またドイツ法の下では、協議離婚の途がなく、裁判上の離婚を唯一の認められた離婚形態としている事情もある。そしてわが国においても、戸籍法所定の創設的届出（同法七六条）を効力発生要件（民法七六四条、七三九条）とする要式行為たる協議離婚とは異質の、合意の調書記載で直ちに効力が生ずる和解による離婚については、永年これを認めた成文法規を欠いていたので、許されぬと解するのが一般で、(3)　それは正当であったと思われ、戸籍実務も、和解調書による離婚届けを受理すべきでないとしていた（昭和三五年一二月二八日民事局長回答）。

3　しかし、わが民法の下にあっては、裁判上の離婚と並んで協議上の離婚も認められており、裁判所の干渉を受けぬ当事者の意思だけで婚姻を解消させることが可能で、この場合は離婚原因の確定も必要でないから、それにもかかわらず訴訟法の制約で訴訟法上の和解による離婚が認められないとすれば、制度上の不均衡があったことを否定し得ない。そこで識者は、立法論としては離婚の効果を伴う訴訟上の和解を許すのが相当であると提唱していたのであり、[4] さらに進んで、旧人事訴訟手続法の下でも法解釈論として、（私見では支持しがたいが、）訴訟上の和解による離婚を許すべしとする少数説があった。[5] そうしたことから人事訴訟法は、その三七条において訴訟上の和解による離婚が、四四条において訴訟上の和解による離縁が許される旨を明記するに至ったのである。

4　ところで若干の裁判所では、夫婦間の離婚を導く方向で事件を処理するのに判決でなく当事者の自主的解決意思の表明たる和解の途を選び、しかしあえて正規の「訴訟上の和解」の方式によることを避け、「当事者双方は、遅滞なく離婚の届け出をすること」という内容の合意条項を和解条項に記載させ、これで訴訟が終了したものと考えている。これは、旧人事訴訟手続法時代に戸籍事務管掌者との摩擦（前段3末尾）を避けるため考え出された姑息な方法にすぎないから、訴訟上の和解による離婚を認めた現行人事訴訟法の施行とともに跡を絶つであろうと推測していたのであるが、現実には、離婚原因の戸籍記載に裁判所の関与を示す文言が残るのを避ける目的で今なお慣用されているらしい。そして、実際上はこうした条項の和解が成立すればほとんど例外なく離婚の届け出がなされ、これで紛争が解決しているのであろう。しかし、将来協議離婚の届け出をするという合意は、離婚の予約にほかならず、私は、それが法律上有効である所以を知らない。それは、事実上の約束事であるとしても遵守が望ましいという裁判所の認識であろうが、必ず遵守されるという保障もなければ遵守を強制するすべもなく、協議離婚の届け出が不履行の場合、裁判所が紛争処理の責任を果たしたとはいえないであろう。遡って、こうした条項内容の和解にはそもそも離婚訴訟を終了させる効果がないものと信ずる（期日指定の申立てがあれば、当然口頭弁論手続を再始続行しなければならない。）。私は、このような放漫な裁判所の実務が紛争の自主的円満解決の名の下に横行していることを、はなはだ遺憾とするものである。

5　通常の民事訴訟では認められている、和解条項案の書面による承諾による和解（民事訴訟法二六四条）、裁判所等に適当な和解条項の決定を求める両当事者の共同申立てによる和解（同法二六五条）は、人事訴訟では許されない（人事訴訟法三七条二項、四四条）。また、電話会議システムを用いた弁論準備手続においてはこの期日に出頭しないで手続に関与する当事者は、和解することができない（同法三七条三項、四四条）。

6　民事訴訟法五五条一項、二項二号の原則によれば、原告および被告の訴訟代理人は、委任を受けた事件について本人から特別委任を受けたときは、訴訟上の和解をすることもできることになっている。しかし、離婚訴訟における離婚の合意を内容とする訴訟上の和解は、調書の記載により直ちに婚姻解消の効果をもたらすもので（民事訴訟法二六七条）、（請求の認諾の場合につき前述したところ（Ⅱ1）と同様に）本人の意思決定を絶対に必要とする身分行為と思われるから、本来は代理に親しまぬものと解したい。それ故、実務の慣行については熟知しないけれども、もし離婚訴訟において本人の出頭せぬ期日での訴訟代理人による離婚の合意を内容とする訴訟上の和解を肯認し、そのまま調書に記載している例があるとすれば、それは違法で、再審事由（同法三三八条一項三号）を構成するものと考える。

7　訴訟上の和解の効果については、民事訴訟法の一般原則に従う。

（1）　Stein/Jonas/Münzberg, ZPO 22.Aufl. § 794 Rdnr.10.; Rosenberg/Schwab/Gottwald, Zivilprozessrecht 17.Aufl. § 130 Rdnr.20.; 岩松三郎＝兼子一編・法律実務講座民事訴訟編三巻一三一頁、兼子一・民事訴訟法体系三〇五頁。
（2）　Stein/Jonas/Schlosser, ZPO 21.Aufl. § 617 Rdnr.7 ff.; Rosenberg/Schwab/Gottwald, Zivilprozessrecht 17.Aufl. § 166 Rdnr.42.; MünchKomm/Bernreuther, ZPO 2.Aufl. § 617 Rdnr.8.. オーストリー民事訴訟法四六〇条九号は、明文をもって婚姻事件における和解を不適法としている。
（3）　兼子一「人事訴訟」家族問題と家族法Ⅶ一八〇頁、一八二頁。

（4）兼子一・前掲論文同頁。
（5）加藤令造・人事訴訟法詳解三七頁、山木戸克己・人事訴訟手続法一二四頁、兼子一＝竹下守夫・条解民事訴訟法七一五頁、中村英郎「人事訴訟における和解」鈴木＝三ケ月監修・実務民事訴訟講座六―二三一頁、伊藤真・民事訴訟法補訂二版三九七頁、四〇六頁。

Ⅳ　家事調停

1　訴訟上の和解による離婚については、人事訴訟法がその三七条でこれを許す旨を明記したけれども、同法の施行までの永年これを認めた成文法規を欠いていたので、許されぬと解するのが一般であったことは、前述のとおりである（Ⅲ2）。しかし、和解と等しく紛争の自主的解決をめざす調停による離婚については、後述のとおり法にこれを許す旨の成文規定がないにもかかわらず、家庭裁判所における家事事件手続の実務で当然のことのように行われており、これに理論上の疑義を挟んだ文献は、私の知る限り兼子一氏のそれ以外にない。(1) そして、調停において成立した離婚の合意を調書に記載したときは、その記載が確定判決と同一の効力を有して婚姻を終了させ（旧家事審判法二一条一項、家事事件手続法二六八条一項）、報告的届出（戸籍法七条の準用）によって離婚の戸籍記載がなされる扱いである。

2　ところで、上述のように和解ではかつて許されなかったことが、つとに調停では許されているとすれば、この間に立法の矛盾ないし不均衡が存在しまたは存在したことは、否定すべくもない。もっとも旧家事審判法二四条には、調停が成立しない場合に、家庭裁判所が職権で離婚を命ずる調停に代わる審判をすることもできる旨の文言もあった。これを承けた家事事件手続法二八四条には、調停にかわる審判の内容に何故か離婚を命ずることの明文例示を欠いているのであるが、特にこれを排除した趣旨ではないと思われる。そして、このように立法者が調停に代わる審判という方式による離婚を許しているのは、調停自体による離婚が許されるとの前提に立つという推論は、十分に成り立ち得る。しかしこの説明は、巧妙であるが理論の正道を歩むものでなく、逆転した論理との印象を拭い去ることができない。しかじかの理由で調停による離婚が理論上可能であるが故に、調停に代わる審判でも離婚を命じ得るのだという論理構成になっていないからである。それよりも、人事訴訟法の制定、施行で和解による離婚が許されることになったから、これで調停による離婚を妨げる障碍が除去されたと説明する方が、説得力で勝るものと思うが、これも完全な論証というのにほど遠く、もとより同法施行前における調停離婚の合法性を云々するのに無力である。

3　そこで、調停離婚が許容されることの積極的で明確な根拠づけを知りたいのであるが、未だこれに対する説得力のある回答に接しない。それは、諸家がこの問題につき無関心であるか、意識しながら論究を避けているためかとも推測されなくはないが、むしろ私見によれば、そもそも立法者が恣意的に創造したいわば「まやかし」の制度について、その合理性を一国の法秩序全体との整合性から論証することには、初めから無理があると認めざるを得ない。

(1)　調停離婚は、訴え提起の先行を前提としておらず、法定の離婚原因の認定にも基づく判決によらぬ点で、裁判上の離婚とはまったく異なり、また、離婚の合意を調書に記載すれば直ちに離婚の効果が発生するものであるから（家事事件手続法二六八条一項）、戸籍法所定の創設的届出（同法七六条）を効力発生要件（民法七六四条、九三九条一項）とする協議上の離婚とも異質であり、要するに民法典の予定せぬ第三種の離婚形態にほかならない。かように実体法規の予定せぬ離婚形態を手続法規で創造するのであれば、立法者は、（和解離婚で実現したように）それ相応の明文の条規を用意して然るべきであるが、現行法上ついにこれを見出すことができないのである。

(2)　家事事件手続法二四四条によれば、家庭裁判所は、人事に関する訴訟事件につき調停を行うものとされているが、この規定から論理必然的に家事調停による離婚が許されるとの結論が導き出されるものではない。後述（4(1)）のとおり同法二七七条は、申立により家事調停手続が開始しても、事件の性質、内容次第では調停自体による手続終結処理の許されぬ例が多いことを示しているからである。

さりとて私は、調停離婚が法律上許されぬものと断ずるだけの自信を有しておらず、また、家庭裁判所が積年調停離婚の形で多くの紛争を処理してきた実績は、これを積極的に評価するにやぶさかでない。しかしそれだけに、立法者が関係準拠法規の整備を怠り、調停離婚をヌエ的色彩から脱却させていないことを遺憾とするものである。

4 家事事件手続法二五七条一項によれば、人事に関する訴訟事件その他家庭に関する広範囲の事件について訴えを提起しようとする者は、まず家庭裁判所に家事調停の申立てをしなければならない。いわゆる調停前置主義の制度である。これは、戦後の司法改革で創設された家庭裁判所にできるだけ多くの事件を配分すべく、併せて人事、家庭関係の事件につき当事者の自主的合意による紛争解決を促進する趣旨で定められたものであるが、適用範囲が広きに過ぎ、当事者の合意に親しまぬ事件を取り込んでいる嫌いがある。

(1) 家事事件手続法二七七条（旧家事審判法二三条もほぼ同旨）の適用を受ける各種訴訟事件は、婚姻・養子縁組・協議離婚・協議離縁の無効・取消し、認知、認知の無効・取消し、重婚の場合の父の指定、身分関係の存否確定にかかり、いずれも当事者が訴訟物につき処分の自由を有しないため、請求の認諾・放棄、和解には親しまない事件である。そのため同条も、これらの事件の調停手続において当事者間に実体関係の合意が成立しても、調停ではなく合意に代わる審判という形の裁判をもって事件を終了させるものとしている。要するに立法者は、調停に親しまない事件につき関係人に調停の申立てを強制するという矛盾をおかし、調停申立てを経由せずに訴えを提起すれば裁判所が職権で事件を調停に付するものとし、さらに、関係人の申し立てていない審判という裁判による事件処理を是認しているのであり、以上は、当然のことながら識者からの反駁しがたい論難を招いている所以である。(2) また、これらの事件において当事者間に実体関係の争いがない場合、判決手続で処理しても、当事者と裁判所の負担が調停手続によった場合（この場合でも、家庭裁判所が所期の審判に持ち込むのに必要な「当事者間に申立ての趣旨のとおりの審判を受けることについての合意」を得るのには、かなり苦労する例が多いらしい）に比しことさら過重になるとは思えない。

(2)　離婚訴訟事件についても、調停前置主義には消極的評価を相当とすべき事由を指摘することができる。

イ　離婚の原因が配偶者の生死が三年以上明らかでないとき（民法七七〇条一項三号）を典型例とし、始めから調停手続を正常に進めることが不可能か困難と明白に予想される事案では、そもそも調停の申立てを強いることが愚の骨頂であろう。

ロ　離婚事件が紛糾するのは、婚姻関係が多かれ少なかれ破綻している場合であるが、その大半は、法定の離婚原因の存在がほとんど自明で、判決となれば離婚の結論がおおむね容易に予測し得る案件にほかならない。ところが調停前置主義の規定は、しばしば離婚事件の早期訴訟的解決の障碍となっており、不誠実な当事者が、調停手続の段階で、嫉妬、いやがらせ、過大の財産給付要求などのため様々の策を弄し、不条理に紛争の解決を遷延させ、破綻した婚姻関係の無意味な存続を助長していることは、実務家に顕著な現象である。

ハ　さらに私は、夫婦の一方または双方が外国人である離婚事件については、当該外国人の本国法との関連で調停前置主義の妥当性に疑問の生ずる場合があることを指摘したい。この種の渉外離婚事件についても、日本の裁判所が訴訟、調停の管轄権を有する場合があり（人事訴訟法二条、家事事件手続法二四五条、四条）、現に日本の裁判所が受理する渉外離婚調停事件は、昨今増加の傾向が著しい。その事件が調停の不成立で終わり、または婚姻の継続の方向で調停の成立を見たときはよいのであるが、離婚の方向で合意の成立を見た場合が問題である。離婚の調停を成立させれば、日本法上は離婚の効力が生じたといえるであろうが、外国人当事者の本国法で離婚の効力が認められるとは限らない。ことに、裁判上の離婚を唯一の許された離婚形態とする法制の国では、問題となるおそれが多分にある。それ故、具体的案件が当該本国法所定の離婚原因も充たすことを調書の記載で明らかにしておく配慮が最小限望ましい(3)。もし当該外国人の本国で離婚が認められないと、わが戸籍簿に相当する身分登録簿に離婚の記入をすることも、彼または彼女が再婚することもできないわけで、はなはだ困った事態となる。また以上に関連する事柄で、家庭裁判所での一般的取扱いかどうか、またこの取扱いが現在でも行われているかどうかは知らないが、かつて関係外国の官憲向きに、調停離婚の形を避け、離婚判決の外形に近似する旧家事審判法二四条一項（現行家事事件手続法二八四条一項に相当）の調停に代わる審判の方式を活用し、離婚の裁判をする実務慣行があったと仄聞している。しかし、同条項の審判は、あくまでも調停の代用物にすぎないから、調停離婚では認められない効力は、調停に代わる審判離婚でも認められぬ筋合いであり、この当然の理を隠蔽した実務慣行は、対外的な「まやかし」以外の何物でもあるまい。また、当事者間に離婚の合意が成立している事案でもあえて調停に代わる審判をしているのであれば、それは、明らかに同条項の規定が本来予想しているところから逸脱した措置である。いずれにせよこのような不条理かつ姑息な事件処理方法は、日本の裁判所が採用すべきものではないと考える。

(1) 兼子一「人事訴訟」家族問題と家族法Ⅶ一八三頁、同・民事訴訟法体系三〇七頁。
(2) 兼子一・前掲論文一八七頁、鈴木忠一「非訟事件に於ける検察官の地位」非訟・家事事件の研究一三一頁。
(3) ドイツにおける外国家事事件裁判の承認に関する現行法規は、家事、非訟事件手続法（Gesetz über das Cerfahren in Familiensachen und in den Angelegenheiten Der freiwilligen Gerichtsbarkeit）一〇七条以下である。裁判上の離婚しか認めぬ国の法律らしく、離婚の協議、和解、調停などは、条文の文言に承認の対象として挙げられていないが、日本の離婚調停が一九六七年一二月七日に類似する当時の関係法規で承認された先例があるという（西賢「国際離婚と家事調停」ジュリスト七三八号一一〇頁）。十分な検討は未了であるが、この先例が一〇〇パーセント維持されるという保障はなく、安易な楽観は禁物ではなかろうか。ドイツ以外の国の状況については、詳知しない。

2　非訟事件の裁判の取消し、変更と再審

Ⅰ　はじめに

平成二三年五月二五日に公布され、平成二五年一月一日から施行されている非訟事件手続法（同年法律五一号――新非訟法――）および家事事件手続法（同年法律五二号――新家事法――）は、それぞれ非訟事件手続法（明治三一年法律一四号――旧非訟法――）および家事審判法（昭和二二年法律一五二号――旧家審法――）に代わるもので、それぞれ旧法の規定に広範な改正を施しており、本稿の主題である非訟事件の裁判の取消し、変更と再審についても、その例に漏れない。

旧非訟法の総則規定部分は、おおむね家事審判についても準用されていたところ（旧家審法七条）、一八九八年五月二〇日公布のドイツ非訟事件手続法Gesetz über die Angelegenheiten der freiwilligen Gerichtsbarkeit（FGG）の総則を踏襲していた箇所が多く、ことに、非訟事件の裁判の取消し、変更に関する規定と再審への対応については、彼我の法制の間に実質上の差異が全く見ら

れなかった。しかしかの地においては、かねて前示ＦＧＧの内容が時代の進展にそぐわぬと問題視されていたのであり、多年の論議が重ねられた結果、同法典、ならびに、民事訴訟法Zivilprozessordnung旧第六編「婚姻事件、親子関係事件、非嫡出子扶養事件、禁治産事件」の内容に大改正を施し、両者を統合する単一法として制定された家事・非訟事件手続法Gesetz über das Verfahren in Familiensachen und in den Angelegenheiten der freiwilligen Gerichtsbarkeit（FamFG）が、二〇〇八年一二月一七日に公布され、二〇〇九年九月一日に主要部分の施行を見た。このFamFGは、非訟事件の裁判の取消し、変更と再審についても、永年にわたる判例、学説の成果を受けて旧法に抜本的な改正を施したものであり、その内容には見るべきところが多い。本稿は、この分野にかかる新非訟法および新家事法の規定内容を先行したFamFGのそれとの対比において分析することにより、網羅的ではないが、問題点と解釈論の一斑を示す趣旨に出たものである。

Ⅱ　旧非訟法一九条の規定の踏襲に由来する若干の問題点

1　申立てによる裁判の職権による取消し、変更

非訟事件の裁判の取消し、変更に関する基本規定たる旧非訟法一九条（旧。家審法七条で家事審判につき準用）は、§18 FGGの完全な訳文であって、「裁判所ハ裁判ヲ為シタル後其裁判ヲ不当ト認

ムルトキハ之ヲ取消シ又ハ変更スルコトヲ得」との原則を掲げ（旧非訟法一九条一項、§18 Abs.1 FGG.）、ただし、「申立ニ因リテノミ裁判ヲ為スヘキ場合ニ於テ申立ヲ却下シタル裁判」の取消し、変更には申立てが必要であり（旧非訟法一九条二項、§18 Abs.1 FGG.）、「即時抗告ヲ以テ不服ヲ申立ツルコトヲ得ル裁判」は、旧非訟法一九条規定による取消し、変更が許されないものと定めていた（同条三項、§18 Abs.2. FGG.）。そして、旧非訟法一九条、§18 FGG において先行裁判の取消し、変更は、前述のとおり申立却下の裁判を対象とする場合を要申立事項としているほかは、明示の文言はないけれども、すべて裁判所の職権事項であると解されていた。(1) 新非訟法五九条一項および新家事法七八条一項は、前掲旧非訟法一九条の規定をおおむね踏襲しているのであるが、「申立てによってのみ裁判（審判）をすべき場合において申立てを却下した決定（審判）」の取消し、変更については、申立てによる場合も許されず、すべての先行裁判（審判）の取消し、変更を裁判所が「職権で」するものとしている。新法の制定に際し何故この点の改正が施されたのかは詳らかにしないが、申立てによりなされた非訟事件の裁判が先行している場合、その取消し、変更も職権ですることの合理性は、すこぶる疑わしい。たしかに、旧非訟法一九条二項、§18 Abs. 1 FGG の下では、申立てを認容した積極的内容の裁判が先行している場合も、申立却下の裁判の取消し、変更をとくに要申立事項としている文言規定の反対解釈として、当該裁判の取消し、変更は、職権でするものと解されていた。(2) 旧非訟法、ＦＧＧの解釈論に関する限り、あえてこれに異を立てるものではないが、立法論としては、申立てによりなされた先行裁判の取消し、変更については、申立てを却下した裁判だけでなく申立てを容れた裁判が対象になっている場合も、関係人からのあらたな申立てを必要とする方が妥当であったと考える。現に § 48Abs.1 S.2 FamFG は、その立場を採っている（以上については、後に非訟事件の裁判の「事情変更による取消し、変更」の項（Ⅲ4）で再論する）。

2　申立却下の裁判の取消し、変更

前述のとおり、新非訟法五九条一項一号、新家事法七八条一項一号が「申立てによってのみ裁判（審判）をすべき場合において申立てを却下した決定（審判）」を職権による取消し、変更が許される対象から除外しているのは、旧非訟法一九条二項、§ 18Abs.1 FGG と同旨である。新旧両法でこの除外を認めていたのは、申立却下決定（審判）によりその申立てに基づく手続が終了し、申立ての効力が復活する余地がなくなっているはずなので、却下決定を職権で取り消して旧手続を復活させることは、申立てによってのみなし得る裁判を申立てがないのにする矛盾をもたらすからであると説明されている[3]。その論理は正しいけれども、立法技術としては、前述の § 48Abs.1 S.2 FamFG が採用している逆の表現方法に従い、申立てによりなされた裁判の取消し、変更には常にあらたな申立てを要するものとした方が、直截で妥当であったと信ずる。

3　即時抗告に服する裁判、確定裁判の取消し、変更

前述のとおり、旧非訟法一九条（家審法七条で家事審判につき準用）は、§18 FGG とひとしく、「即時抗告ヲ以テ不服ヲ申立ツルコトヲ得ル裁判」を、これらの法条による取消し、変更が許されぬ例外と定めていたのであり（旧非訟法一九条三項、§18 Abs.2 FGG）、新非訟法五九条一項、新家事法七八条一項もこれをそっくり踏襲している。しかし、立法技術としてその合理性は疑わしい。

非訟事件の裁判の取消し、変更に関する旧非訟法一九条、§18FGG の規定は、即時抗告に服する裁判について適用が否定されていたため、通常抗告に服する裁判だけが問題となったが、これについても抗告裁判所が抗告を不適法として却下するのでなく本案の裁判をした後は、第一審裁判所は、当該事件の抗告審の裁判はもちろん、抗告棄却で維持された自己の裁判も取り消しまたは変更することができなかった。かくて非訟事件の裁判は、抗告審の裁判の告知により形式的確定力を有するに至ったわけである。抗告権者が抗告権を放棄したときも同じである。以上の次第で、非訟事件の裁判が形式的確定力を有するに至った後は、旧非訟法一九条、§18FGG に準拠する当該裁判の取消し、変更が許されないと解するのが、権威のある通説であった。[4] しかし、新非訟法にあってはその六六条以下により、FamFG にあってはその §63 などにより、旧非訟法一九条、§18FGG が適用の場を提供していた通常抗告の制度が廃止されているので、もはや前示旧制度下の議論をそのまま維持する意味はない。また、旧非訟法一九条三項、§18Abs.2 FGG は、これらの規定に

よって即時抗告に服する裁判を取消し、変更することを禁じていたが、その背景には、この種の裁判に対処する救済は、即時抗告自体に求めるのが本筋でかつ効果的であるという事情があった。したがって、即時抗告提起の場合に遵守すべき時的制限などを受けぬ取消し、変更の申立て、さらにその決定に対する抗告を容認するのは、法の趣旨にそぐわぬものであったということができる。(5)以上の次第で、新非訟法五九条一項二号、新家事法七八条一項二号もこれらの規定に基づく即時抗告に服する裁判の取消し、変更を禁じていることは、理論的に首肯し得るところである。しかし、わざわざこの旧制度の禁止条項を改正法の文言に残したことには実益がないと考える。即時抗告に服する非訟事件の裁判は、適法な即時抗告がなければ抗告期間の満了とともに形式的確定力を有するに至るところ、後述のとおり新非訟法、新家事法、FamFG の下では、その段階で当該裁判に対する関係人からの取消し、変更申立てが許されることになっているからである。旧非訟法一九条、§18FGG の下において、形式的確定力を有する非訟事件の裁判を取り消しまたは変更することは認められなかったというのは、これらの法規の解釈上そうであったというにすぎず、形式的確定を見た非訟事件の裁判でもその取消し、変更を認めるのが相当の場合があることを絶対的に否定した趣旨ではない。そして後述のとおり、新非訟法、新家事法、FamFG では、まさにこの点につき積極的方向での法改正措置がとられたのである。

（1）Schlegelberger, FGG 7.Aufl. §18 Rdnr.3.; 鈴木忠一「非訟事件に於ける裁判の無効と取消・変更」非訟事件の裁判の既判力一〇五頁以下。
（2）Keidel/Kunze/Winkler/Schmidt, FG 14.Aufl. §18 Rdnr.10.
（3）Baur, Freiwillige Gerichtsbarkeit §24 B II 1.; 鈴木忠一・前掲論文一一一頁。
（4）Schlegelberger, FGG 7.Aufl. §18 Rdnr. 5.; Keidel/Kunze/Winkler/Schmidt, FG 14.Aufl. §18 Rdnrn. 14, §31 Rdnr. 1.2.; Baur, Freiwillige Gerichtsbarkeit §24 B II 3.; Habscheid, Freiwillige Gerichtsbarkeit 7. Aufl. §27 II 2c.; 鈴木忠一・前掲論文一一四頁。
（5）Vgl. Schlegelberger, FGG 7.Aufl. §18 Rdnr.8.; Keidel/Kunze/Winkler/Schmidt, FGG 14.Aufl. §18 Rdnr. 13.; Baur, Freiwillige Gerichtsbarkeit §24 B II a.

Ⅲ　事情変更による取消し、変更（Abänderung wegen veränderter Umstände）

1　制度の概要

(1)　非訟事件の裁判は、本来の性質上裁判所が、一定の（多くは継続的性質の）事実上または法律上の状態が存在していることを前提として、後見性と合目的性の見地から裁量をもって定める措置にほかならない。したがって、裁判所がある非訟事件の裁判をした後にその裁判の基礎となっていた前提事情に本質的変更が生ずると、当初の裁判が現状に適合せず、これを維持しては不当と考えられる事態に至ることがある。民事訴訟においては、裁判所は、自己のなした終局および中間判決に拘束され、その不当を認めても取り消しまたは変更することを得ないのが原則である（§318

ZPO)。しかし非訟事件にあっては、裁判後に上記のような事情の変更が生じた場合、裁判所が自らの既往の裁判を取り消しまたは変更することができるという一般論が、ドイツにおいてＦＧＧにこれを認める明文規定を欠いていたにもかかわらず、学説上ひろく承認されていた。(1) わが旧非訟法下にあっても、上記の法理を否定すべきいわれはなかったのであり、これを個別的に認めた規定として、民法八一九条二項、八七七条三項、八八〇条、一〇一九条一項、家審規則三二条一項、五六条の二第二項、六六条二項、七四条二項、八八条、九五条二項、一〇六条二項、一二六条、一二七条などをあげることができた。

(2)　旧非訟法一九条、§18 ＦＧＧは、前記のように本来正当であった非訟事件の裁判が告知後の事情変更によって不当になった場合を想定した規定ではなかった。(2) すなわち、事情変更による非訟事件の裁判の取消し、変更は、旧非訟法、ＦＧＧの明文規定による先行裁判の取消し、変更とは全く別個のもので、両者は、截然と区別する必要があった。また前者の適用については、ＦＧＧの施行下にあってもその§18の明文規定による場合と異なり、対象の先行裁判が即時抗告に服するときでも形式的確定力を有するに至った後でも、その取消し、変更が許されると解されてきたのである。(3) そして問題となる多くの事例は、先行裁判の告知時点ですでに存在していた事情が後に裁判所の知るところとなり、もしこの事情を事前に知っていたならば当該裁判をしなかったであろうと認められる場合であり、その例は極めて多様、雑多である。そして、非訟事件の裁判には原則として既判力がなく、事情変更による取消し、変更については民事執行法三五条二項のような制限規定もないから、通説は、「事情変更」の意味内容を柔軟に解し、上記の場合は、――例えば裁判後に上級裁判所の法解釈が変更したときでも――問題の先行裁判を取り消しまたは変更することを妨げないと考えている。(4)

2　明文規定の新設

非訟事件の裁判の事情変更による取消し、変更の法理は、前述のとおりFGGにこれを認める明文の規定を欠いていたが、§48 Abs.1 S.1 FamFGは、「第一審裁判所は、継続的効力を有する確定裁判の基礎となった事実上または法律上の状況に事後の本質的変更が生じたときは、その確定裁判を取り消しまたは変更することができる。」と、むしろこれを非訟事件の裁判の取消し、変更の原則的場合に掲げている。わが旧非訟法にも非訟事件の裁判の事情変更による取消し、変更に関する規定を欠いていたが、新非訟法五九条二項ただし書、新家事法七八条二項ただし書は、非訟事件の裁判の取消し、変更が事情変更による場合もあることを明示している。しかし、その規定文言は、前掲§48 Abs.1 S.1 FamFGに比しすこぶる簡に過ぎ、かつ表現が間接的である。すなわち、事情変更による終局裁判（審判）の取消し、変更が条文で言及されているのは、該当の場合には当該先行裁判の確定後五年経過までという取消し、変更の原則的時的制限に服しないということだけであり、このことからわれわれは、新非訟法五九条一項、新家事法七八条一項の規定による終局決定（審判）の取消し、変更が、旧非訟法一九条によるそれと異なり、事情変更による場合も含む概念であることをようやく推知し得るというわけである。わが国において非訟事件の裁判の事情変更による取消し、変更の理論に対する理解は、一般に不十分であり、最高裁判例もその例に漏れない（後記Ⅳ1、2）。これを反映して、新法の立案者は、関係理論の重要性を軽視していたものと思われる。[(5)] そのため出来上がった関係法規の解釈と運用には、いくらかの事項につき下記のとおり理論によって空白、欠陥を補填しなければならない。

3　適用範囲——真正争訟事件の除外——

立法者が非訟事件の裁判につき当該裁判をした裁判所自身による取消し、変更を認めているのは、非訟事件の裁判は、一定の法律関係の存在を前提に後見性と合目的性の見地から裁量をもって定めた措置であり、既判力を伴わないとの原則に基づくものである。それ故、上記の前提が成立していない場合、先行裁判の取消し、変更にかかる制度の適用を認めることはできない。家事事件手続と非訟事件手続の綜合法典たるFamFGが、その§113 Abs.1 S.1において、離婚、婚姻取消し、婚姻存否確認にかかる婚姻事件（§111 Ehesachen）、ならびに、婚姻、同性婚関係者間の扶養、財産関係その他にかかる家事紛争事件（§112 Familienstreitsachen）につき、非訟事件の裁判の取消し、変更に関する§48の適用を排除しているのは、このためである。わが新非訟法および新家事法は、いずれも民事訴訟法、人事訴訟法から独立の法典であるけれども、一〇〇パーセント純然たる非訟事件のそれではなく、若干の講学上真正争訟事件（echte od. privatrechtliche Streitsachen）といわれている異質の事件をも規制の対象に取り入れている。真正争訟事件とは、非訟事件手続によってなされるが、申立人の掲げる請求の成否につき終局的確定の裁判をすることを目的とする事件をいい、その裁判には既判力を伴うものである。新非訟法、新家事法が具体的に列挙している事件の中にどれだけの真正争訟事件が含まれているかを検討することは、有意義な課題であるけれども、本稿では(1)「裁判上の代位に関する事件」（新非訟法八五条以下）と(2)「推定相続人の廃除に関する審判事件」（新家事法一八八条以下）を例証に挙げるにとどめる。(6) この両事件の裁判も新非訟法五九条または新家事法七八条による取消し、変更の対象とすることには、常識的にも奇異の感を禁じ得ないであろう。

4　申立てによる取消し、変更

(1)　旧非訟法一九条、§18 FGGでは、先行裁判の取消し、変更について、「申立ニ因リテノミ裁判ヲ為スヘキ場合ニ於テ申立ヲ却下シタル裁判」を対象とする場合を要申立事項としているのを例外として、すべて裁判所が職権でするものであると解されていたところ、新非訟法五九条一項、新家事法七八条一項の文言では、さらに徹底して、すべての先行する裁判（審判）の取消し、変更を裁判所が「職権で」するものとなっている。しかし、中立てによりなされた非訟事件の裁判が先行していている場合、その取消し、変更には関係人からのあらたな中立てが必要とする方が妥当であることは、前述したとおりである（→Ⅱ1）。ＦＧＧ施行下のドイツにおいても、非訟事件の裁判の事情変更による取消し、変更について、中立てによりなされた非訟事件の先行裁判が対象になっているすべての場合、§18Abs.1 Halbs.2. FGG からの類推により中立てによってのみ許されると解していた文献がある。[7]この種の事件では紛争解決のきっかけを関係人の自主に委ねるのが筋合いであり、裁判所が職権で介入することに合理性を認めがたいからである。そして§48Abs.1 S.2 FamFG は、ＦＧＧの関係規定を改めあきらか、「中立てによってのみ開始される手続においては、取消しまたは変更は、中立てによってのみ許される。」という明文規定になっている。[8]

(2)　しかるにわが新法に基づく事情変更による終局裁判（審判）の取消し、変更は、上述のとおり新非訟法五九条一項、新家事法七八条一項の規定による取消し、変更の一態様とされていることから、すべて裁判所が「職権で」するものであると、少なくとも上記法条の文言上はなっている。そして、先行裁判の取消し、変更を裁判所の職権に委ねたということは、もっぱら裁判所が、取消し、変更の権能を行使するか否かにつき職責上の裁量をもって決する義務を負うことになるという意味にほかならない。[9]かくて関係人の取消し、変更中立権は否定されるから、その中立てがあっても、裁判所は、応答することを要しないわけである。[10] 形式的論理の帰結は、まさに以上のとおりであり、新非訟法、新家事法の立案者は、この結論を新制度下でも維持するのが当然と考えていたらしい。[11] しかし、取消し、変更の対象となるべき先行の裁判が申立てによってのみ開始される手続においてなされたものであるとき、この結論は、事情変更による取消し、変更の制度の効用をほとんど失わせ、関係人の手続上の権利を著しく制約するもので、明らかに不合理である。新非訟法、新家事法の立案者は、関係人には新制度で導入された再審の申立ての途があると指摘しているが、[12] 再審申立てが許されるための事由は、新非訟法八三条三項、新家事法一〇三条三項で準用されている民事訴訟法三三八条により極めて局限されているから、救済の意味は極めて希薄であろう。禍根の原因は、一に立法者の無思慮に基づく過誤にある。そこで筆者は、わが新法に基づく要申立事件の終局裁判（審判）の事情変更による取消し、変更についても、上記関係条文に見られる「職権で」との文言には関係人の申立てを排除する意味合いがなく、むしろ FamFG の規定による場合と同様に、関係人のあらたな申立てが必要であると解することを提唱したい。

5　遡及効の否定

新非訟法五九条一項、新家事法七八条一項、§48 Abs.1 FamFG に基づき事情変更による取消し、変更の対象となるのは、継続効（Dauerwirkung）を有する裁判である。[13]「継続効」という文言は、FGGになくFamFGにはじめて導入されたもので、その概念は些か曖昧であるが、字義どおり窮屈に解すべきでなく、成年後見人、保佐人、補助人、遺言執行者、財産管理人の選任、特別養子縁組形成、婚姻費用の分担、財産分与、扶養、遺産分割などの裁判がこれを有する典型例で、過料の裁判についても広い意味で継続性を肯定し、積極に解して差し支えないであろう(14)。そこで、非訟事件の確定裁判が事情変更により第二次裁判をもって取り消されまたは変更されたとき、この取消し、変更に遡及効が認められるかという問題が生ずるわけであるが、これについて通説は、おしなべて消極に解すべきものとしている(15)。事情変更の時点以降は第一次裁判のもたらした効果が不当であると第二次裁判で判断されたにせよ、この既往の効果を覆さない方が第三者の保護、法的安全の見地から望ましいという考え方である。それで、例えば特別養子縁組形成の審判が確定した後に養父母が養子の法定代理人としてなした財産処分の効力は、審判が事情変更によって取り消されても無効に帰するものでない。また遺産分割の審判が確定した後にある相続人がした遺産の処分は、事情変更による審判の取消しで彼の当該遺産取得が否定されても効力を失わない。私見もこの遡及効否定説を支持するものである。ただし、以上については疑問を挟む余地があり、非訟事件の裁判の事情変更による取消し、変更に関しても、原裁判に再審事由が附着している場合につき、「此の事由の存在が裁判当時知られてゐたならば原裁判は為されず又は結論を異にした筈であり而も斯る不当な原裁判の為されたのは、裁判所側に重大な過失があるか乃至は相手方又は第三者の違法乃至反道徳的な行為が原因となっているのであるから、原裁判の存在を当初より否定しなければ正義の要求に合致しない」として、例外的に遡及効を肯定する説がある。(16) 以上は、非訟事件手続法典への再審制度の導入にもかかわる問題と考えるので、さらに後に触れることとする（↓V⑷）。

（1）Schlegelberger, FGG 7.Aufl. §18 Rdnr.22.; Keidel/Kunze/Winkler/Schmidt, FGG 14.Aufl. §18 Rdnr.24-32.; Baur, Freiwillige Gerichtsbarkeit §24 A II 2b, B I 1,C.; Habscheid, Freiwillige Gerichtsbarkeit 7. Aufl. §27 III. ;Brehm, Freiwillige Gerichtsbarkeit 3.Aufl. Rdnr.384ff.; 鈴木忠一「非訟事件に於ける裁判の無効と取消変更」非訟事件の裁判の既判力九五頁以下、一一七頁以下、東京高裁昭和五〇年一月三〇日決定・判例時報七七八号六四頁。

（2）Schlegelberger, a.a.O. §18 Rdnr.20,22.; Baur, a.a.O. §24 B I 2b.; 鈴木忠一・前掲論文九六頁。

（3）Keidel/Kunze/Winkler/Schmidt, a,a.O. §18 Rdnr.29.; Baur, a.a.O. §24 C II 2.; Habscheid, a.a.O. §27 III 5b.; 鈴木忠一・前掲論文同頁。

（4）Schlegelberger, a.a.O.; Keidel/Kunze/Winkler/Schmidt, a.a.O. §18 Rdnr.31.; Habscheid, a.a.O. §27 III 6b.; MünchKomm ZPO 3.Aufl. Bd.4 FamFG / Ulrici, §48 Rdnr.7.; Prütting/Helms/Abramenko, FamFG §48 Rdnr.7.; 鈴木忠一・前掲論文一〇一頁）。

（5）金子修編・一問一答非訟事件手続法九四頁以下、別冊NBL一三四号「非訟事件手続法・家事審判法の見直しに関する中間試案と解説」一四四頁以下。

（6）推定相続人廃除請求事件について、最高裁昭和五五年七月一〇日決定（裁判集民事一三〇号二〇五頁、判時九八一号六五頁、判タ四二五号七七頁）、同昭和五九年三月二二日決定（判時一一一二号五一頁）は、これが純然たる非訟事件であるかのように説示しているが、賛成することができない。拙

稿「訴訟と非訟」中野古稀祝賀(上)一一三頁以下、拙書・訴訟と非訟の交錯三四頁以下。

(7) Habscheid, Freiwillige Gerichtsbarkeit 7.Aufl. §27 Ⅲ 5 c.

(8) Keidel/Engelhardt, FamFG 16.Aufl. §48 Rdnr.13.; MünchKomm ZPO 3.Aufl. Bd.4 FamFG/Ulrici, §48 Rdnr.11. : Prütting/Helms/Abramenko, FamFG 2.Aufl. §48 Rdnr.13.; Bumiller/Harders, FamFG §48 Rdnr.7.; Bassenge/Roth/Gottwald, FamFG RP flG 12.Aufl. §48 Rdnr.5.

(9) Schlegelberger, FGG 7.Aufl. §18 Rdnr.3.: Baur, Freiwillige Gerichtsbarkeit §24 B I 2.; 鈴木忠一「非訟事件に於ける裁判の取消・変更」非訟事件の裁判の既判力一〇五頁以下、Keidel/Engelhardt, FamFG 16.Aufl. §48 Rdnr.12.

(10) 鈴木・前掲論文注(9)一〇六頁。

(11) 別冊ＮＢＬ一三四号「非訟事件手続法・家事審判法の見直しに関する中間試案と解説」一四四頁、一五〇頁。

(12) 前掲注(11)記事。

(13) Keidel/Engelhardt, FamFG 16.Aufl. §48 Rdnr.6.; MünchKomm ZPO 3.Aufl. Bd.4 FamFG/Ulrici, §48 Rdnr.6.; Prütting/Helms/Abramenko, FamFG 2.Aufl. §48 Rdnr.10.; Bassenge/Roth/Gottwald, FamFG RP fl G 12.Aufl. §48 Rdnr.4.; Brehm, Freiwillige Gerichtsbarkeit 4.Aufl. §16 Rdnr.19.

(14) Brehm, a.a.O.

(15) Schlegelberger, FGG 7.Aufl. §18 Rdnr.29.; Baur, Freiwillige Gerichtsbarkeit §24 B V, §32 Ⅱ: Habscheid, FGG 7.Aufl. §27 Ⅳ: Keidel/Kunze/Winkler/Schmidt, MünchKomm ZPO 3.Aufl. Bd.4 FamFG / Ulrici, §48 Rdnr.10.: Brehm, a.a.O.

(16) 鈴木忠一・前掲論文注(9)一〇二頁。

Ⅳ　事情変更による取消し、変更に関する補論

非訟事件の裁判が事情変更による取消し、変更の対象となる事例は、多様であるが、以下においては、若干の最高裁判所判例を思考材料に採り上げ、前段で述べた一般論の具体的適用を示すこととする。

1　過料の裁判の場合

わが国において非訟事件の裁判の事情変更による取消し、変更の理論は、あまり成熟していない。最高裁判所平成一六年一二月一六日決定（判時一八八四号四五頁、判タ一一七二号一三九頁）は、このことを反映して徹底せぬ判示をした裁判例である。(1)事案は、過料の確定決定である第一裁判の存在を看過してなされた同一事由に基づく過料の第二裁判も確定したことから、同じ裁判所が第二裁判を自ら取り消す決定をしたというものである。この第二裁判を取り消した決定は、前述した権威のある理論によれば、まさに典型的な「事情変更」で根拠づけられるものに該当する。しかし最高裁は、この取消決定が、旧非訟法一九条一項の規定に基づく裁判であったとの認識を明示し、同条項では非訟事件の確定裁判の取消しを想定していないとしながら、続いては、過料の第二裁判につきこれを不当とする事情の存在が確定後に判明し、同裁判を維持することが著しく正義に反す

ことが明らかであったから、これを職権で取り消した決定は是認されると説示している。その結論は相当であるけれども、判示の前段と後段との間で論理の脈絡が明らかでない。また、第二裁判を「維持することが著しく正義に反する」と説示しているのは、同裁判の取消しが許されるための要件の表示としては過剰と思われる。

2　特別養子縁組形成の審判の場合

最高裁判所平成七年七月一四日第二小法廷判決（民集四九巻七号二六七四頁）は、血縁上の父と称する者の手続関与がないままなされた特別養子縁組形成の審判につき、準再審が許される可能性を肯定した裁判例である。しかし、この種の非紛争的性格の非訟事件の裁判は、後述のとおり再審に親しまず（V４⑴）、血縁上の父からの認知が実現した暁には、特別養子縁組形成の確定審判が彼の同意（民法八一七条の六）を欠いたものとして、事情変更による取消事由が成立する事案であったと信ずる。(2)

3　遺産分割の審判の場合(3)

⑴　家庭裁判所（非訟裁判所）が遺産分割の審判をするに際し、前提問題をなす相続権の存否や目的財産の遺産帰属性につき審査、判断をなし得るかは、多年争われていたが、［1］最高裁判所昭和四一年三月二日大法廷決定（民集二〇巻三号三六〇頁）は、正しくも積極説を採り、論争に終止

符を打った。この決定の説示は、直接には遺産分割事件を対象としているが、およそ非訟事件の裁判手続においては、前提問題をなす関係人の実体私法上の権利または法律関係の存否につき審理、判断することを妨げないとの一般論に通ずるものである。そしてこの一般論は、後に続く［2］最高裁判例昭和四五年五月一九日決定・民集二四巻五号三七七頁でも承継されており、ドイツの学説によってもあまねく支持されている。(4) また上記［1］、［2］の両決定ならびに［3］最高裁昭和六一年三月一三日判決（民集四〇巻二号三八九頁）は、非訟事件の裁判の前提問題をなす相続権の存否や目的財産の遺産帰属性につき既判力のある判決を求めて確認訴訟を適法に提起し得るものと判示している。(5)

(2)　上述の次第で、非訟事件の裁判の前提問題をなす関係人の実体私法上の権利または法律関係の存否については、非訟裁判所と訴訟裁判所が競合して審理、判断の権能を有するわけであるが、ある前提問題につき非訟裁判所が積極または消極の判断に基づき裁判をした後に、同じ前提問題を直接の訴訟物とした訴訟で逆の判断を示した訴訟裁判所の判決が確定した場合、いかなる効果が生ずるであろうか。まず、非訟裁判所が形成裁判の前提要件を否定して申立を斥けた後、訴訟裁判所による当該前提要件の積極的確認判決が確定したとき、この判決には既判力が認められ、再度の申立てを受けた非訟裁判所は、確定判決の判断に拘束され、裁判をやり直すべきである。このことに異論を挟む向きはあるまい。問題は、遺産分割の確定した後にその前提たる相続権や遺産の範囲を否定した民事訴訟の判決が確定したときのように、非訟裁判所の形成裁判の後にその前提問題たる権利または法律関係を否定する判決が確定した場合である。前掲［1］最高裁昭和四一年三月二日大法廷決定は、まさに上記例示の案件を取扱い、「審判手続においてした右前提事項（相続権、相続財産等の存在）に関する判断には既判力が生じないから、これを争う当事者は、別に民事訴訟を提起して右前提たる権利関係の確定を求めることをなんら妨げられるものでなく、そして、その結果、判決によって右前提たる権利の存在が否定されれば、分割の審判もその限度において効力を失うに至るものと解される……」と判示している。この最高裁判決の判示は、(イ)分割審判が、なんらの手続を経ることなく確定判決と矛盾する限度で当然に失効するという趣旨か、(ロ)確定判決が、これと矛盾する限度で分割審判の取消し、変更事由を構成するという趣旨かは、必ずしも明確でない。文言上は(イ)の趣旨に解され易く、筆者が接した複数の学者もそのように理解していた。しかし、もし判示がそのような当然失効説を是認しているとすれば、誤判であろう。(6) (a)非訟裁判所と訴訟裁判所とは、裁判の対象を異にして事件を分掌しているのであり、(7) 法の格別の規定（例えば会社法八五八条）がない限り、一方が他方の内容を審査し、変更する権能を有しない。(b)非訟裁判所の確定裁判による形成の効果は、常に訴訟裁判所を含む他のすべての国家機関を拘束する。(8) 遺産分割審判が確定すれば、訴訟裁判所は、かりに分割審判の前提をなす相続権や遺産の範囲の判断が誤りと考えても、訴訟判決において審判で形成された遺産分割の内容に矛盾する判断をなし得ないのである。(c)民事訴訟法は、訴訟裁判所がした甲確定判決の前提問題に対する判断が先行または後行の乙確定判決の既判力に抵触した場合でも、甲判決が当然無効になるとしておらず、同法三三八条一項八号または一〇号の要件を満たすときに再審事由が生ずるとしているだけである。これと対比しても、非訟事件の裁判が民事訴訟の確定判決の既判力に抵触するに至ったからといって、当然無効になるいわれはない。

(3)　しかし、遺産分割審判のような非訟事件の形成裁判が確定した後、その裁判の前提をなす相続権や遺産の判断を否定した民事訴訟の判決が既判力を伴い確定した場合、前者の裁判が当然無効になるものでないとすれば、なんらかの手続を経てその裁判の形成の効果を失わせる方途がなければおかしい。これに関しては、上記［1］［2］の最高裁判決は、問題の存在自体を否定しているためか全く沈黙している。しかし回答は容易であり、上来論述を遂げてきた非訟事件に特有の事情変更による確定裁判の取消し、変更の法理をここに適用し、然るべき申立てを介入させれば足りるのである。

（1）　拙稿・民商一三二巻六号九五四頁以下は、この判例の評釈である。
（2）　拙稿「瑕疵のある非訟事件の裁判の確定と訴訟裁判所の判断」訴訟と非訟の交錯一〇一頁以下。
（3）　拙稿「訴訟と非訟」中野古稀祝賀(上)一一〇〇頁以下、同・訴訟と非訟の交錯四一頁以下。
（4）　Schlegelberger, FGG 7.Aufl. §12 Rdnr.14-18.; Keidel/Sternal, FamFG 16.Aufl. 26 Rdnr.56-63.;

Baur, Freiwillige Gerichtsbarkeit §2B Ⅵ 2,3.; Habscheid, Freiwillige Gerichtsbarkeit 7.Aufl. §19 V 4b.: Rosenberg/Schwab/Gottwald, Zivilprozessrecht 17.Aufl. §11 Rdnr.16.

（5） 非訟事件の裁判の前提問題にかかる民事訴訟の適否をめぐっては、本文掲記載の裁判例に先立ち、すでに最高裁昭和四〇年六月三〇日決定（民集一九巻四号一〇八九頁）における多数意見が、夫婦間の同居に関する家事審判の前提をなす協議または確定審判による具体的内容形成前の同居請求権自体の存否につき、最高裁同年月日大法廷決定・民集同巻同号一一一四頁が、婚姻費用分担に関する家事審判の前提をなす協議または確定審判による具体的内容形成前の費用分担請求権自体の存否につき、それぞれ積極説を表明している。

（6） 鈴木忠一「扶養の審判に関する問題」非訟・家事事件の研究一七三頁。

（7） Stein/Jonas/Schumann, ZPO 20.Aufl. Einl Rdnr.457.; Schlegelberger, FGG 7.Aufl. §1 Rdnr.15.; Keidel/Sternal, FamFG 16.Aufl. §1 Rdnr.46,47.; Jansen, FGG 2.Aufl. §1 Rdnr.15.; Baur,Freiwillige Gerichtsbarkeit §2 B Ⅲ 5.; Bärmann, Freiwillige Gerichtsbarkeit §61 Ⅱ 1,2.

（8） Schlegelberger, a.a.O. §16 Rdnr.10.; Keidel/Sternal, a.a.O. §1 Rdnr.72f.; Lent, Freiewillige Gerichtsbarkeit 2.Aufl. §29 Ⅰ.; Habscheid, Freiewillige Gerichtsbarkeit7.Aufl. §29 Ⅱ.; Rosenberg/Schwab/Gottwald, Zivilprozessrecht 17.Aufl. §11 Rdnr.17.; Pikart/Henn, Lehrbuch der Freiwilligen Gerichtsbarkeit S.105.

V 再 審

1 はじめに

非訟事件の確定裁判に対する再審については、旧非訟法にもFGGにも直接の規定を欠いていたが、新非訟法、新家事法およびFamFGは、それぞれこれに関する明文規定を設けた（新非訟法八三条、八四条、新家事法一〇三条、一〇四条、§48 Abs.2 FamFG）。ただしその解釈、運用、ことに適用範囲については、明らかでない点が多い。

2 わが国における既往の判例、学説

最高裁判所平成七年七月一四日第二小法廷判決（民集四九巻七号二六七四頁）は、その取り扱う家事審判につき準再審の事由を肯認し得る余地があると判示したが、その論拠としては、旧家審法七条、旧非訟法二五条、旧民訴法四二九条（新民訴法三四九条）の規定を羅列しているにすぎない。そして、判旨とひとしく民事訴訟法の再審に関する規定を非訟事件に準用する根拠として上記旧非訟法二五条以下の法条を挙げるのは、わが国の通説に共通である。[1] しかし、旧非訟法二五条は、その文言から明らかなとおり、非訟事件の裁判につき民事訴訟法の抗告に関する規定が準用されることを定めたものであって、再審に関する規定の準用を認めていたものではない。また旧民訴法四二九

条（新民訴法三四九条）は、即時抗告に服する決定、命令にかかる再審に関する規定であって、抗告手続に関する規定ではなかった。この両条を連結させて非訟事件の裁判につき準再審を認たのは、牽強付会の論法と評すべきである。[2] そしてこの通説は、民事訴訟の裁判と非訟事件のそれとの本質的相違に触れておらず、前者の再審規定を後者に適用し得る範囲に何の示唆も与えていなかった。新非訟法、新家事法に再審に関する規定の導入を認めた立案者の主観的動機は詳らかにしないが、上記判例、通説の延長線上に立っているのであれば、賛同することができない。再審規定導入の合理的根拠は、既往の実定法の明文規定の拡張ないし歪曲解釈ではなく、それが時代とともに変容した非訟事件の現状に適合する点と、訴訟と非訟に通ずる手続の一般原則である正当な裁判への指向、並びに、関係人救済の必要に求めなければならない。

3　ＦＧＧ施行下における学説の進展

そもそもＦＧＧに再審の規定を欠いていたのは、立法者の不用意な遺脱ではなく、同法も制定当時には適用の範囲が非紛争的性格の事件に限られており、その裁判に親しむ再審を想定するのが困難であったことに由来する。そのため、かつては裁判例や学説でも非訟事件の裁判に対して再審を認めるのに消極的な傾向が一般であった。[3] ところが、近時の立法において数多の紛争的性格の事件が非訟事件手続で裁判されるようになったことから、その確定裁判に民事訴訟法所定の再審事由が付着する場合の救済の必要が痛感され、やがて学説も一致して、民事訴訟法の再審規定の準用が許される非訟事件の裁判の範囲を多かれ少なかれ認めるに至った。そして、その再審規定の準用が許される非訟事件の裁判の範囲について、少数説は、本質的には民事訴訟事件に属しその確定裁判に既判力が伴ういわゆる真正争訟事件に限定していたけれども、[4]多数説は、紛争的性格を有するが真正争訟事件には属しない非訟事件の裁判に対しても、非訟事件手続法に定められたすべての救済手段（抗告、異議、§18FGG または事情変更による裁判の取消し、変更）が途絶しているときには、再審規定の準用が許されると解していた。[5]

4　新法制下における適用範囲と遡及効

新非訟法、新家事法および FamFG に再審規定の導入を見た背景に、前述した近時の立法による非訟事件の範囲拡張とこれに伴う学説の変遷があることは、いうまでもない。しかし、新法制下の非訟事件の裁判に関し、いかなる範囲において再審規定の適用が許されるかについては、未だわが国においてこれを実質的に論及した文献が皆無にひとしく、ドイツにおける FamFG 公布後の文献でも、私の目に触れた限りでは論議が活発でない。そこで以下の記述は、私の未熟な臆断の域をこえぬものである。

(1)　裁判所の所管する非訟事件には、(i)古典的な関係人からの申立てを要しない非紛争的性格の事件と(ii)近時の立法で導入された申立てによってのみ始まり対立当事者が存在する紛争的性格の事件の二領域があるところ、民事訴訟法の再審規定の適用が認められる対象は、後者紛争的性格事件の裁判に限られるであろう。前者非紛争的性格事件の裁判は、沿革的に再審制度を知らなかったし、そもそも対立当事者間の紛争を想定した民事訴訟法の再審制度と体系的に相容れず、相互の架橋は困難というべきである。[6] 前掲最高裁判所平成七年七月一四日第二小法廷判決（民集四九巻七号二三七頁）は、民法八一七条の二の特別養子縁組を成立させた家事審判につき、準再審の事由を肯認する余地があると判示した旧家審法下の裁判例であるが（➘2）、この種の審判に対しても再審申立てが許されるという趣旨であれば、賛成することができない。[7]

(2)　真正争訟事件への適用

真正争訟事件は、本来の性質が訴訟事件であり、その確定裁判には既判力が伴うものであるから、前述のとおり、旧制度の下でもこれにつき民事訴訟法の再審規定の準用を肯定することにつき異論を見なかったのである（➘3）。新非訟法、新家事法の下でも、もちろん準用を肯定しなければならない。そして、非訟事件手続法典に再審規定の明記を欠いていた時期において、該規定の非訟事件への準用を厳格に真正争訟事件に限定していた少数説は、理論的にもっとも筋の通る明快な見解であったと信ずる。しかし、すでにFamFGと同様に再審規定の導入を明文で認めた新非訟法、新家事法の解釈論としては、こうした限定説の採用に躊躇せざるをえない。

(3) 真正争訟事件以外の紛争的性格事件への適用

FGG施行下の多数説が、真正争訟事件に属しない非訟事件の裁判に対しても、非訟事件手続法に定められたすべての救済手段（抗告、異議、§18FGGまたは事情変更による裁判の取消し、変更）が途絶しているならば、その場合において再審規定の準用が許されると解していたことは、前述した（→3）。この見解がFamFG下でも確たる通説となるとは断言しがたいが、多くの文献がこの問題につき沈黙している中で、前示従前の通説を維持する旨簡単ながら明記している有力な注釈書がある。(8) しかし、この従来の多数説にも問題がある。上述のとおりこの説によると、非訟事件の裁判に対して再審が許されるのは、非訟事件手続法上の他の救済手段がすべて途絶している場合に限るのであるが、そのような事例は、実際上稀有と思われる。(9) すなわち、非訟事件の裁判につき事情変更による取消し、変更が許される場合は、さきに述べたとおり学説によってかなり広範に承認されている（→Ⅲ1）。それは、先行裁判に再審事由の付着していたことが後に裁判所の知るところとなり、もしこの事情を事前に知っていたならば当該裁判をしなかったであろうと認められる場合も含むのである。その場合の救済方法は、前示従来の多数説によると、事情変更による取消し、変更の申立てであり、再審申立てではない。要するにこの説も、実際には非訟事件の裁判に対して再審が許される場合を極めて局限しているにひとしく、新しい非訟事件手続法典が非訟事件の裁判につき再審規定の導入を明文で認めた趣旨にそうものとは認めがたい。

⑷　取消し、変更を命じた裁判の遡及効

非訟事件の既往の裁判に再審事由が付着している案件について、前示FGG下の多数説に従い、その取消し、変更の手続は、再審によることができず、もっぱら新非訟法五九条一項、新家事法七八条一項、§48Abs.1 FamFGの事情変更に基づく申立によるべきであるとすれば、その第二裁判による既往の裁判の取消し、変更には、前述のとおり遡及効が否定される（↓Ⅲ5）。これにひきかえ既往の判決を再審手続で取り消しまたは変更した新判決は、形成裁判で、その取消し、変更には遡及効を伴うものである。[10] そこで、非訟事件手続の法典に明文規定をもって再審規定の導入を認めた新法制下にあっては、既往の裁判に再審事由が付着していることを理由にその取消し、変更を求める方法として、従来から認められていた事情変更に基づく申立てのほかに新非訟法八三条、新家事法一〇三条（§48Abs.2 FamFG）による再審申立ても並行的に許され、後者の途を選んだ場合に限り、申立てを認容した新裁判には、民事訴訟の再審認容判決に準じ、先行裁判によって生じた効力を当初から失わせる遡及効が伴うものと解したい。[11]

⑴　岡村玄治・非訟事件手続法五八頁、中島弘道・非訟事件手続法七一頁、兼子一＝松浦馨・条解民事訴訟法〔二版〕四二九条、斎藤秀夫＝加藤新太郎・注解民事訴訟法四二九条〔四〕二。

⑵　鈴木忠一「非訟事件に於ける裁判の取消・変更」非訟事件の裁判の既判力九九頁、伊東乾＝三井哲夫編・注解非訟事件手続法二五条Ⅱ六〔豊泉貫太郎〕。

（3）　Z.B.：Keidel, FG 6.Aufl. §18 Bem.14.

（4）　Baur, Freiwillige Gerichtsbarkeit §32.; Jansen, FGG §18 Rdnr.40.; Pikart/Henn, Lehrbuch der Freiwillige Gerichtsbarkeit S.104.

（5）　Müller, Deutsche Notar-Zeitschrift 1953 S.187.; Schlegelberger, FGG 7.Aufl. vor §§19-30 Rdnr.7.; Keidel/Kunze/Winkler/Schmidt, FG 14.Aufl. §18 Rdnr.67.; Gerichtsbarkeit 7.Aufl. §25 IV 1.; Bärmann, Freiwillige Gerichtsbarkeit §34 II.; Brehm, Freiwillige Gerichtsbarkeit 3.Aufl. §16 IV.

（6）　Rosenberg/Schwab/Gottwald, Zivilprozessrecht 17.Aufl. §159 Rdnr.13.; Baur, Freiwillige Gerichtsbarkait §32 II.; Brehm, Freiwillige Gerichtsbarkeit 4.Aufl. §16 Rdnr.28.

（7）　拙稿「瑕疵のある非訟事件の裁判の確定と訴訟裁判所の裁判」訴訟と非訟の交錯 九七頁以下。

（8）　Keidel/Engelhardt, FamFG 16.Aufl. §18 Rdnr.20.

（9）　Baur, Freiwillige Gerichtsbarkait §32.

（10）　Stein/Jonas/Jacobs, ZPO 22.Aufl. vor §§578-591 Rdnr.28., §590 Rdnr.13.; Baumbach/Lauterbach/Albers/Hartmann, ZPO 67.Aufl. §590 Rdnr.7.

（11）　Brehm, Freiwillige Gerichtsbarkeit 4.Aufl. §16 Rdnr.28.

3　夫婦間の同居請求に関する裁判手続

Ⅰ　制度の沿革

1　夫婦間の同居請求に関する裁判手続は、新憲法の施行と家事審判制度の創設に伴い、大きく変容した。

昭和二二年法律第二二二号による改正前の民法（旧民法）第七八九条は、「妻ハ夫ト同居スル義務ヲ負フ（第一項）夫ハ妻ヲシテ同居ヲ為サシムルコトヲ要ス（第二項）」と規定していたが、これでは憲法第二四条の夫婦平等の原則に反することになるので、上記改正後の現行民法第七五二条では、単純に、「夫婦は同居し……なければならない。」と定められている。そして、旧制度上の夫婦の同居に関しては、家事審判法施行法による改正前の人事訴訟手続法旧規定第一条第一項により、人事訴訟として地方裁判所に訴えを提起し、裁判所は、対審、公開の手続を経由し、判決をもって裁判をすべきものとされ、この場合の同居請求の訴えは、同居請求権を訴訟物とする給付の訴えであると一般に解されていた。[1] しかし、家事審判制度創設後の夫婦の同居に関しては、**家事審判法**（昭和二二年法一五二号）が、その第九条第一項乙類第一号において「民法第七五二条の規定による夫婦の同居その他の夫婦間の協力扶助に関する処分」を非訟事件手続の家事審判事項に編入するとともに、同法施行法第六条は、旧人事訴訟手続法中の同居の訴えに関する規定をすべて削除し、かつ同施行法第八条は、「この法律施行の際現に裁判所に係属している夫婦の同居を目的とする訴え……については、この法律施行後も、なお従前の人事訴訟手続法の規定による（第一項）。前項の規定による判決が確定したときは、その判決は、これを家事審判所（家庭裁判所の前身）の審判とみなす（第二項）。」と規定した。以上の結果、家事審判法の施行後は、もはや夫婦間の同居請求権を訴訟物とする民事訴訟を提起する途が絶たれ、同じ目的は家事審判の申立てによって求むべきであると一般に解されるに至ったと思われ、さらに、その審判が確定すれば同居請求権の存否につき既判力を伴うという理解も生じたものと想像される（以上の認識が理論上正当であったかどうかは非常に問題であるが、これについては後に詳論する）。

2　平成二五年一月一日をもって家事審判法が廃止され、代わりに**家事事件手続法**（同年法五二号）が施行されたが、夫婦間の同居請求の裁判手続に関しては新旧両法間に根本的な変更を見なかった。ただしこの点については、若干の説明を付加しなければならない。

実は、新家事事件手続法には「夫婦間の同居請求」を適用範囲に含める明示の規定が見当たらないのである。同法の適用範囲としては、関係条規たる第三九条、第一五〇条第一号、別表第二の一の項を見ると、「夫婦間の協力扶助に関する処分」が、根拠規定に民法第七五二条を表示して挙げられているけれども、そこでは旧家事審判法第九条第一項乙類第一号にあった「夫婦の同居」の文言が消え去っている。そして民事訴訟法の特例である人事訴訟法の適用対象をなす「人事訴訟」は、同法第二条に列挙されている訴訟に限られており、――人事訴訟手続法旧規定第一条第一項と異なり、――夫婦の同居を目的とする訴訟は、これに含まれていない。以上の法改正経過に照らすと、新法下において夫婦の同居に関する紛争事件は、家事審判制度の創設前の状態に戻り、もっぱら地方裁判所を第一審の管轄とする通常の民事訴訟になったという結論を導く形式論理も、一応成り立つわけである。しかし、立法者がそのような基本的手続の復古を所期したのであれば、審議の過程において、人事訴訟法をはじめとする関係周辺諸法規の内容を検討するほか、夫婦の同居を命じた家事審判を合憲と認めた最高裁判所判例（昭和四〇年六月三〇日大法廷決定・民集一九巻四号一〇八九頁）も当然判断材料にしたはずである。しかし現実には、新法の立案過程において、適用範囲の条規から「夫婦の同居」の文言を排除するについて、格別の踏み込んだ論議はなかったと仄聞している。ちなみに民法第七五二条には、「夫婦は同居し、互いに協力し扶助しなければならない。」と規定され、これを受けてもろもろの文献では同居義務と協力扶助義務とを並立させた形で説明しており、それは素直な考え方と思うが、旧家事審判法第九条第一項乙類第一号の文言では、――立法者がどの程度意識してその表現を選んだのかは知らないが、――「夫婦の同居その他の夫婦間の協力扶助に関する処分」とあり、「同居」があたかも「協力扶助」の典型としてこれに包含されるかのような表現になっている。そこで家事事件手続法の立案者は、同法の適用範囲の関係条規を定めるに当たり、旧法の条規から「夫婦の同居」の文言を漫然とまたは論理的に無用と考えて削除したとも想像される。いずれにせよ、新法の条文の文言選択には問題があると思うが、新旧両法の内容には実質的変更がなかったと考えるのが常識的かつ正当であろう。

Ⅱ　最高裁判所大法廷決定

1　前段で述べたように、家事審判法の施行後は、夫婦間の同居請求権を訴訟物とする民事訴訟提起の途が絶たれ、同じ目的は、家事審判の申立てによって求むべきであり、これを受けた審判が確定すれば、同居請求権の存否の判断につき既判力を伴うとの理解が一般であるとすれば、その手続は、対審、公開の構造をとらないから憲法第三二条、第八二条違反ではないかとの疑念が当然生ずる。この問題に関し無視することができない裁判例が、**最高裁判所昭和四〇年六月三〇日大法廷決定**（民集一九巻四号一〇八九頁）にほかならない。

事案の概要は、「申立人（妻）と相手方（夫）とは、婚姻以来相手方方の住居で同居していたが、次第に仲が悪くなり、申立人は、居たたまれなくなり実家に帰ったが、その後自分の側にも非があることを認め、人を介し相手方の許に帰りたいと申し出たが、相手方から拒絶されたので、同居の審判を求めた。」というのである。第一審の福岡家庭裁判所は、申立てを認め、「相手方はその住居で申立人と同居しなければならない。」との審判をし、第二審の福岡高等裁判所も、抗告棄却の決定をしたので、相手方は、最高裁判所に特別抗告を申し立て、第一、二審の裁判が違憲であると主張した。

これに対し最高裁は、一五人中八人の裁判官の多数意見をもって次のとおり説示し、特別抗告を棄却した。

「憲法八二条は「裁判の対審及び判決は、公開法廷でこれを行ふ」旨規定する。そして如何なる事項を公開の法廷における対審及び判決によって裁判すべきかについて、憲法は何ら規定を設けていない。しかし、法律上の実体的権利義務自体を確定することが固有の司法権の主たる作用であり、かかる争訟を非訟事件手続または家事事件手続により、決定の形式を以て裁判することは、前記憲法の規定を回避することになり、立法を以てしても許されざるところであると解すべきであるからである。

家事審判法九条一項乙類は、夫婦の同居その他夫婦間の協力扶助に関する事件を婚姻費用の分担、財産分与、扶養、遺産分割等の事件と共に、審判事項として審判手続により審判の形式を以て裁判すべき旨規定している。その趣旨とするところは、夫婦同居の義務その他前記の親族法、相続法上の権利義務は、多分に倫理的、道義的な要素を含む身分関係のものであるから、一般訴訟事件の如く当事者の対立抗争の形式による弁論主義によることを避け、先ず当事者の協議により解決せしめるため調停を試み、調停不成立の場合に審判手続に移し、非公開にて審理を進め、職権を以て事実の探知及び必要な証拠調を行わしめるなど、訴訟事件に比し簡易迅速に処理せしめることとし、更に決定の一種である審判の形式により裁判せしめることが、かかる身分関係の事件の処理としてふさわしいと考えたものであると解する。しかし、前記同居義務等は多分に倫理的、道義的な要素を含むとはいえ、法律上の実体的権利義務であることは否定できないところであるから、かかる権利自体を終局的に確定するには公開の法廷における対審及び判決によって為すべきものと解せられる（旧人事訴訟手続法〔家事審判法施行法による改正前のもの〕一条一項参照）。従って前記の審判は夫婦同居等の実体的権利義務自体を確定する趣旨のものではなく、これら実体的権利義務の存することを前提として、例えば夫婦の同居についていえば、その同居の時期、場所、態様等について具体的内容を定める処分であり、また必要に応じてこれに基づき給付を命ずる処分であると解するのが相当である。けだし、民法は同居の時期、場所、態様について一定の基準を規定していないのであるから、家庭裁判所が後見的立場から、合目的の見地に立って、裁量権を行使してその具体的内容を形成することが必要であり、かかる裁判こそは、本質的に非訟事件の裁判であって、公開の法廷における対審及び判決によって為すことを要しないものであるからである。すなわち、家事審判法による審判は形成的効力を有し、また、これに基づき給付を命じた場合には、執行力ある債務名義と同一の効力を有するものであることは同法一五条の明定するところであるが、同法二五条三項の調停に代わる審判が確定した場合には、これに確定判決と同一の効力を認めているところより考察するときは、その他の審判については確定判決と同一の効力を認めない立法の趣旨と解せられる。然りとすれば、審判確定後は、審判の形式的効力については争いえないところであるが、その前提たる同居義務等自体については公開の法廷における対審及び判決を求める途が閉ざされているわけではない。従って、同法の審判に関する規定は何ら憲法八二条、三二条に抵触するものとはいい難く、また、これに従って為した原決定にも違憲の廉はない。」

2　本最高裁大法廷決定は、憲法第三二条、第八二条により国民が対審、公開の適正手続による裁判を受ける権利を保障されているのは、実体法上の権利の存否の終局的確定にかかる訴訟事件についてであり、そうでない非訟事件については上記の憲法上の保障が否定されるという、**最高裁昭和三五年七月六日大法廷決定**（民集一四巻九号一六五七頁）の判示理論を再確認した上、夫婦の同居に関する旧家事審判法第九条第一項乙類第一号などの規定が、抽象的な同居義務の存在を前提とし、同居の時期、場所、態様などといった同居義務の具体的内容の形成を規制の対象とする非訟事件にかかるものであると説示している。同法の関係条規の適用範囲が上記の純然たる非訟事件に限られるかどうかは、後述のとおり疑問の存するところであるが、本決定がこの種の非訟事件を同法の重要な規制対象と認めていること自体は、疑いもなく正当であろう。

既述のとおり旧民法第七八九条は、夫婦の同居に関し、「妻ハ夫ト同居スル義務ヲ負フ（第一項）夫ハ妻ヲシテ同居ヲ為サシムルコトヲ要ス（第二項）」と、妻の同居義務、夫の同居させる義務という形で規定していたから、同居の時期、場所、態様などといった同居義務の具体的内容は、夫が単独の意思で決定するものであった。それで、人事訴訟手続法旧規定第一条第一項により夫婦間の同居に関し地方裁判所に人事訴訟が係属しても、夫を勝訴させて妻の同居義務を認めた場合はもちろん、妻を勝訴させて夫の同居させる義務を認めた場合でも、同居義務の具体的内容たる同居の時期、場所、態様などの選定は夫の専権事項であるから、裁判所がその具体的内容を形成し得る余地はなかったはずである。しかし、憲法第二四条の夫婦平等の原則に則った現行民法第七五二条では、「夫婦は同居し……なければならない。」としているので、同居義務の具体的内容たる同居の時期、場所、態様などは、第一次的には夫婦の協議で定められるのであり、この協議が成立せず、または協議をすることができない場合には、これに代わる裁判所の形成裁判が論理上必要となる。旧家事審判法第九条第一項乙類第一号、これを踏襲した新家事事件手続法第一五〇条第一号、別表第二の一の項の審判は、まさに上記の形成裁判を重要な目的としたものである。そして、裁判所がこの審判の名においで形成裁判をするについては、よるべき基準を定めた法規が存在せず、もっぱら後見的、合目的の見地から裁量権を行使して同居義務の具体的内容を選択決定するのであるから、この審判は、本質的に非訟事件の裁判であると解される。

3　しかし、家事審判法第九条第一項乙類第一号、ならびに、これを踏襲した家事事件手続法第一五〇条第一号の規制対象は、夫婦の同居に関し、はたして前掲最高裁大法廷決定の説示するように、婚姻関係の存続に基づく夫婦間の（抽象的な）同居義務の存在を前提としてその同居義務に時期、場所、態様などの具体的内容を付与する、本質上の非訟事件の形成裁判とこれに附帯する給付命令（この附帯命令は、既判力を伴わない）にとどまるものであろうか。

旧制度上の夫婦の同居に関しては、人事訴訟手続法旧規定第一条第一項により、人事訴訟として地方裁判所に訴えを提起し、裁判所は、対審、公開の手続を経由し、判決をもって裁判をすべきものとされ、この場合の同居請求の訴えは、同居請求権を訴訟物とする給付の訴えであると一般に解されていた。(1) しかし、家事審判制度創設後の夫婦の同居に関しては、家事審判法が、その第九条第一項乙類第一号において「民法第七五二条の規定による夫婦の同居その他の夫婦間の協力扶助に関する処分」を非訟事件手続の家事審判事項に編入するとともに、――前掲大法廷決定は、何故か言及しないが、――家事審判法施行法第六条は、旧人事訴訟手続法中の同居の訴えに関する規定をすべて削除し、かつ同施行法第八条は、「この法律施行の際現に裁判所に係属している夫婦の同居を目的とする訴え……については、この法律施行後も、なお従前の人事訴訟手続法の規定による（第一項）。前項の規定による判決が確定したときは、その判決は、これを家事審判所（家庭裁判所の全身）の審判とみなす（第二項）。」と規定した。以上の結果、家事審判法の施行後は、もはや夫婦間の同居請求権を訴訟物とする民事訴訟を提起する途が絶たれ、同じ目的は、家事審判の申立てによって求むべきであり、これを受けて裁判所がなす審判が確定すれば、その審判が旧制度下における人事訴訟の確定判決と同様、同居請求権の存否の判断につき既判力を有するに至るというのが、——その結論の当否はともかくとして、——少なくとも立法者の主観的意思であったと解するのが自然であろう。しかしこの理解は、前掲大法廷決定のそれと矛盾しており、夫婦間の同居に関する新制度下の家事審判の射程距離が、同居請求権の具体的内容形成にとどまらず、同居請求権そのものの存否にかかる終局的確定の裁判にも及ぶとするものである。また、本大法廷決定が出る以前において若干の学説は、なんらの説明を加えることなく、家事審判法の施行後も夫婦同居請求の訴えを適法に提起し得ることを当然としていたが(2)、この見解も、前述した立法者の主観的意思と相容れぬものであった。

4　しかし、夫婦間の同居請求権は、旧民法下のそれと現行民法下のそれとで若干形態を異にするけれども、等質の性格を有し、ともに実体私法上の権利であることは疑いない。そして国民は、憲法第三二条により自己の主張する実体私法上の権利の存否につき終局的確定の既判力を伴う裁判を受ける基本権を有しており、その裁判の手続は、同法第八二条が「対審、公開」の形で定める適正要件を満たしたものでなければならないはずである。その憲法上の保障が下位規範たる手続法規の改廃によって俄然消失するに至ることは、われわれの到底容認し得るところでない。すなわち、人事訴訟手続法旧規定第一条第一項が夫婦同居請求の人事訴訟を認めていたのを廃し、家事審判法第九条第一項乙類第一号、ならびに、これを踏襲した家事事件手続法第一五〇条第一号が、夫婦間の同居請求権の存否にかかる終局的確定の裁判をもっぱら非対審、非公開の非訟事件手続ですべきものと定めたとすれば、それは違憲と断ずべきである。前掲大法廷決定における多数意見は、家事審判法の関係法条について適用可能範囲を同居請求権の具体的内容形成に限定しているものであって、――同法およびその施行法自体の意味内容には矛盾するであろうが、――憲法第三二条、第八二条違反のそしりを免れ得る論法である。そしてこの見地によっても論理の必然として、国民は、家事審判とは別に、自己の主張する同居請求権の存否につき既判力のある判決を求めて民事訴訟を提起し得るものといわなければならず、多数意見も、この結論をはっきり肯定している。

ただし以上については、実体法と手続法の両面にわたりなお論ずべき問題点が多く、ことに夫婦間の同居義務の存否にかかる民事訴訟がはたして適法かどうかの論点をめぐり、前掲大法廷決定においても裁判官の間に熾烈な意見の対立を見たところであるから、さらに項を重ね随所で詳論する。

（1）松岡義正・特別民事訴訟法論一九七頁、大森洪太・人事訴訟手続法三九頁、山田正三・人事訴訟手続法八〇頁。ただし、鈴木忠一「非訟事件の裁判の既判力及び訴訟上の和解の既判力」非訟事件の裁判の既判力五七頁、同「夫婦同居等の審判に関する諸問題」非訟・家事事件の研究六六頁は、旧人訴法上の同居の訴えおよびドイツ法上の die Klage auf Herstellung des ehelichen Lebens が形成の訴えであるとする。

（2）我妻栄・親族法八一頁（ただし、法協八三巻二号二二六頁で改説）、中川善之助・親族法二二三頁。

Ⅲ　対審、公開の適正手続と審尋請求権

前述のとおり、夫婦間の同居請求権の存否にかかる終局的確定の裁判を非対審、非公開の非訟事件手続でするのは違憲で、これには対審、公開の訴訟手続を経由すべきであると信ずるが、この点についてはなお説明を補充する。

1　手続の公開

日本国憲法第八二条は、同条第2項所定の対審についての例外の場合を除き、「裁判の対審及び

判決は、公開法廷でこれを行ふ。」と規定しているが、ここで予想されている対審、公開の適正手続とはいかなるものであろうか。私見によればそれは、近代国家の訴訟手続の根幹をなす若干の基本原則、すなわち、口頭主義、直接主義の採用、対審および終局的裁判の告知の一般公開、ならびに、当事者双方が独立の裁判官で構成された裁判所において、裁判の結果に影響のある手続の状況、相手方の主張等を知り、自己の主張、立証をなす機会が与えられる、いわゆる**法的審尋請求権**（Anspruch auf rechtliches Gehör）を有することを最底限求めているものである。しかし、上記の手続原則の中にあって手続公開のそれは、沿革的に専制国家における秘密主義、書面主義の裁判手続に対する民衆の抵抗に由来する多分に一九世紀的な原則であり、すでに近代の法治国家にはこれにふさわしい司法制度が確立しているのであるから、少なくとも民事訴訟についてかつての重要性をかなり失っていることは、否定しがたい[1]。また、同条第二項が対審の非公開を例外的に認める案件を「裁判所が、裁判官の全員一致で、公の秩序又は善良の風俗を害する虞があると決した場合」としているも、その文言を硬直、狭隘に解すれば、企業秘密や情報公開の是非が問題の訴訟に適合せぬ場合があり、離婚その他の各種人事訴訟や本稿で問題の夫婦間の同居事件において、公開法廷での審理が当事者のプライヴァシーをおかすおそれがあると指摘されているのである。

わが国でも昭和五四年九月二一日に発効した「**市民的及び政治的権利に関する国際条約**」（同年条約第七号）第一四条第一項第二文、第三文には、「すべての者は、その刑事上の罪の決定又は民事上の権利及び義務の争いについての決定のため、法律で設置された、権限のある、独立の、かつ、公平な裁判所による公正な公開審理を受ける権利を有する。報道機関及び公衆に対しては、民主的社会における道徳、公の秩序若しくは国の安全を理由として、当事者の私生活の利益のため必要な場合において又はその公開が司法の利益を害することとなる特別な状況において裁判所が真に必要があると認める限度で、裁判の全部又は一部を公開しないことができる。」と定められている。公開の原則に関する憲法第八二条の解釈にあたっては、公開が個人の尊厳、私生活を侵害し、経済社会における企業の公正な競争を不当に制限し、真実の発見を阻害する事由ともなり得ることを念頭におき、柔軟に対処すべきであろう。(2) 上記の条約規定も、裁判の公開の制限を明言しているが、憲法第八二条に抵触するものではなく、基本的人権や正義の要求に則った同条の解釈基準を宣明したものと解すべきであると信ずる。(3) 同様の意味で、人事訴訟法第二二条、特許法第一〇五条の二、不正競争防止法第一三条がそれぞれ一定の厳格な条件の下に裁判所が当事者尋問等の公開停止を命じ得ると認めていることも、合憲と解すべきであろう。

2　しかしながら、家事審判法とこれを踏襲した家事事件手続法の関係法規が予定している非訟事件手続は、夫婦間における実体法上の同居請求権の存否にかかる既判力を伴う終局的確定の裁判を対象としてすることが許され、かつ現実にそのとおりなされたと仮定した場合、これを合憲の適正手続と認めることはできないであろう。この点は、前掲最高裁大法廷決定にあってもこれを仔細に読めば、少数意見を含め裁判官一四人の意見が違憲の結論で一致しているものと解される。一裁判官（山田裁判官）の反対意見は、憲法第八二条所定の対審、公開の原則が近代社会の要請に順応しないことを過度に強調し、夫婦間の同居義務のような家族団体員相互間の権利義務が紛争目的の案件を家事審判事件として非公開、非対審の手続で処理することは、権利の本質上当然の帰結であって違憲とはいえないとしているが、論理を無視した常識的な情緒論にすぎない。

(a)　家事審判手続は、本質的には非訟事件手続の一態様であり、ここでは**口頭主義**の原則(Mündlichkeitsgrundsatz) が認められていない。民事訴訟の判決が原則として必要的口頭弁論に基づいてなされる（民訴法八七条）のと異なり、非訟事件手続にあっては、口頭審理をなすか否かは、個々の事件における裁判所の裁量に委ねられている。(4) そしてその口頭審理も、公開されない（家事事件手続法三三条）。

(b)　民事訴訟にあっては、当事者が訴訟において自己に関連する裁判所および相手方の行為の内容をすべて認識することができ、証拠調べに立ち会い、記録を閲覧する権利を有する**当事者公開**(Parteiöffentlichkeit) の制度が確立しているが、家事審判事件の手続において、関係人は、証拠調べに立ち会う権利を保障されていない。(5)

(c)　民事訴訟法の証拠調手続に関する規定は、多分に家事審判の手続にも準用されているが（家事事件手続法六四条）、ここでの事実の認定（同法五六条）は、こうした法定の方式を経由した**厳格な証明**（Strengbeweis）による必要はなく、裁判所の裁量により、関係官庁、私人に向けた無方式の照会、単なる関係人や第三者の審尋の結果といったような**自由な証明**（Freibeweis）によっても妨げない[(6)]。

(d)　民事訴訟の口頭弁論と判決の言渡しは、公開の法廷でなされるが、家事事件の審理と裁判の告知は、非公開を原則としている（家事事件手続法三三条）。

(e)　最後に、おそらく一般の理解によれば、家事事件の手続において関係人は、いわゆる**審尋請求権**を有しない（ただしこの点について、私見は反対であり、項をあらためて詳述する）。

3　審尋請求権

(1)　ドイツにおいては、裁判所構成法（Gerichtsverfassungsgesetz）第一七〇条が一般非訟事件のほかこれと並ぶ家事事件（Familiensachen）の審理も原則的に非公開としているが、それは、基本法（Grundgesetz）に裁判手続の公開に関する明文規定を欠いており、同法第一〇三条第一項（"Vor Gericht hat jedermann Anspruch auf rechtliches Gehör."）が万人に保障している裁判所での法的審尋請求権（Anspruch auf rechtliches Gehör）も、手続の公開を含む概念ではないからである。同法条にいう裁判所における審尋請求権とは、関係人には、裁判の結論に影響を及ぼすべき当該手続の進行過程、裁判所において取り調べられまたは顕著とされた事実と証拠方法、相手方の主張、立証の内容をすべて知ることができ、自己の事実主張と立証の機会が与えられ、よって事件に関連する主張と攻撃、防御の方法の機会を不当に失することのない、公正な手続実施を求める権利が保障されていることを意味する。(7) 審尋請求権に関する基本法の規定は、Rechtsprechung（「司法」）の章に置かれ、Rechtsprechungとは、一般の理解によれば、関係人の間に紛争が存在し、または存在しない対立案件において、関係人から中立の第三者（裁判所）が中立てに基づき具体的事実に法規を適用し、何が正しい法であるかを有権的に確定、裁判する作用をいうのである。(8) これに対し、基本法にいうRechtsprechungの概念は、歴史的にも把握すべきで、訴訟事件のみならず裁判所における紛争的または非紛争的性格の非訟事件（ただし公証事務は唯一の例外）をも包含するという説も有力であった。(9) 以上の論議はともかくとして、二〇〇八年一二月一七日公布の「家事・非訟事件手続法（Gesetz über das Verfahren in Familiensachen und in die Angelegenheiten der freiwilligen Gerichtsbarkeit <FamFG>）は、その第三〇条第四項、第三四条、第四四条などの明文総則規定をもって、同法の適用がある家事事件と非訟事件のすべてにつき関係人に審尋請求権を保障している。そして夫婦間の同居は、ドイツ民法（Bürgerliches Gesetzbuch）第一三五三条所定の「婚姻生活共同体」（eheliche Lebensgemeinschaft）の維持に向けられた実体法上の義務の一態様にほかならず、(10) これに関する紛争は、——法に明文の規定はないが、同居義務の存否自体の判断、ならびに、その義務の具体的内容たる時期、場所、態様等の形成を含め、――家事・非訟事件手続法第二六六条第一項第二号所定の「その他の家事事件」（Sonstige Familiensachen）に属するものとされている。(11) したがってその手続は、同法第一一三条により、総則規定に含まれているもっぱら非紛争的非訟事件に適合した若干の法条が適用を排され、民事訴訟の手続に大きく接近したものであり、もとよりそこでは、関係人が前述のとおり審尋請求権を保障されているのである。

(2)　日本国憲法をはじめとするわが国の成文法には、審尋請求権の保障に関する直接の明文規定がないので、その保障については積極的な考え方が一般に希薄ではないかと思われる。しかし、そもそも審尋請求権は、人間の尊厳（Menschenwürde）の擁護と密接に通ずる普遍的権利である（Art. 1 Abs.1 GG [Schutz der Menschenwürde] "Die Würde des Menschen ist untastbar. Sie zu achten und zu schützen ist Verpflictung aller staatlichen Gewalt"）。すべての市民が、国家機関によって人間として認められ尊重されることを請求し得る権利をあまねく有するのであれば、当然かれら自身の権利、義務に関する個々の裁判手続においてもどうでなければならない。このことは、正当な裁判の探求という手続の目的と密接に関連しており、正しい法は、裁判官の孤独な思考作業の中に見出されるだけでなく、当事者と裁判所との間の生きた対話に基づきもっとも透明な形でもたらされるものである。審尋請求権は、訴訟の制度面における裁判官の独立と並び、手続の形成面で当事者に認められた「手続的正義にかかる憲法上の中核的保障」にほかならず、訴訟手続の「法治国家性」の構成部分をなす。[12] 要するに審尋請求権は、日本国憲法、ドイツ基本法といった成文憲法の成立以前の法治国家理念に確固たる存在理由が求められるものであるから、わが国の憲法上もすべての国民がこれを有するものと解するのが正当であろう。[13] 民法第七五二条所定の同居請求権は、疑いもなくわが成法上の私権であるから、その存否を終局的に確定した既判力のある裁判の手続は、当事者に審尋請求権を保障したものでなければならない。

(3) 本稿の主題と必ずしも直結しないが、家事事件手続（非訟事件手続）における関係人の審尋請求権の保障について略述する。

ドイツにおいて、二〇〇八年一二月一七日公布の家事・非訟事件手続法が同法の適用がある家事事件と非訟事件のすべてにつき関係人に審尋請求権を保障していることは、前述した。そして同法の制定前にあっても、非訟事件手続において関係人が審尋請求権を有するかどうかにつき、一般論として消極に解する説もあったが、どちらかといえば積極説の方が多数であった。[14] わが**最高裁昭和四一年一二月二七日大法廷決定**（民集二〇巻一〇号二二七九頁以下）は、過料の裁判手続につき積極説をとっていたようにも読めるが、この積極説が実務を主導する確固たる判例理論を構成したかどうかは疑わしい。**平成二〇年五月八日第三小法廷決定**（判例時報二〇一一号一一六頁以下）は、婚姻費用分担に関する審判事件の抗告審裁判所が、抗告の相手方に対し抗告状、抗告理由書の副本を送達せず、反論の機会を与えることなく不利益な判断をしたことが違憲でないと説示した（ただし、この小法廷決定には一人の裁判官の違憲説に基づく反対意見が付されている。)。前述のとおり審尋請求権は、人間の尊厳の擁護と密接に通じ、近代国家に共通の法治国家理念に基づく基本権であるから、その機能する手続の範囲を訴訟事件に限定するのでなく、非訟事件、ことに夫婦同居、婚姻費用、財産分与、扶養といった関係人の実体法上の権利に関連する領域のそれにも認めるのが相当としなければならない。[15] ただし、各種の事件において審尋請求権が具体的にいかなる形で問題となるかの各論的考察は、本稿で尽くすことができない。ただ顕著な一例をあげるならば、前述のとおり非訟事件においては自由な証明で事実を認定することが許され、また、家事審判事件においては家庭裁判所調査官による事実の調査も認められているが(家事事件手続法五八条)、そうした場合には、可能な限り関係人の立会いを認め、事実調査や証拠調べの方法と結果を適時に開示して関係人に意見陳述、立証の機会を与えるなどの配慮が必要であり、職権調査の名においてこれを怠れば、審尋請求権の侵犯として憲法違反になるものと信ずる。

(1)　一九世紀後半以降に制定された各国の憲法典で裁判手続の公開を宣明している例は、あまりない。ドイツでは「基本法」(Grundgesetz) にこれに関する規定がなく、「裁判所構成法」(Gerichtsverfassungsgesetz) に譲られている (§ 169ff.)。

(2)　鈴木忠一「非訟事件に於ける正当な手続の保障」非訟・家事事件の研究二七九頁以下、中野貞一郎「民事裁判と憲法」民事手続の基本問題一九頁以下。

（3）中野貞一郎「公正な手続を求める権利」民事手続の基本問題三一頁以下

（4）Baur, Freiwillige Gerichtsbarkeit §16 IV

（5）Schlegelberger, Gesetz über die Angeleenheiten der freiwilligen Gerichtsbarkeit 7.Aufl. §12 Rdnr.21. §15 Rdnr.5.; Baur, a.a.O. §16 V.

（6）Schlegelberger, a.a.O.; Baur, a.a.O.: Habscheid, Freiwillige Gerichtsbarkeit 7.Aufl. §21 II 1.; Keidel/Sternal. FamFG 17.Aufl. §29 Rdnr.18.; Brehm, Freiwillige Gerichtsbarkeit 4.Aufl. §11 Rdnr.8ff.

（7）Anspruch auf rechtliches Gehör の意味内容を説いた文献は多いが、ここではStein/Jonas/Leipold, ZPO 22.Aufl. vor §128 Rdnr.9ff.: Rosenberg/Schwab/Gottwald, Zivilprozessrecht 7.Aufl. §82 Rdnr.9ff.; Keidel/Meyer-Holz, FamFG 16.Aufl. §34 Rdnr.3ff. を挙げるにとどめる。

（8）Bettermann, Die freiwillige Gerichtsbarkeit im Spannungsfeld zwischen Verwaltung und Rechtsprechung, Festschrift für Lent S.24ff.; Rosenberg/Schwab/Gottwald, Zivilprozessrecht 16.Aufl. §9 Rdnr.3-5.

（9）Baur, Der Begriff der Rechtsprechung und die freiwillige Gerichtsbarkeit, Beiträge zum materiellen Recht und Verfahrensrecht, 1983 S.281ff.: Habscheid, Gruindfragen der Freiwilligen Gerichtsbarkeit, Der Deutsche Rechtspfleger 1957 S.166. この見解は、憲法（基本法）上のRechtsprechungの概念を下位規範たる法域の概念から理解することにより、「司法とは実定法上司法機関の所管事項とされているものをいう」との形式論、循環論に陥っている疑いがある（鈴木忠一「非訟事件の裁判の既判力」同名書六頁）。しかし、少なくとも争訟的性格の非訟事件を民事訴訟事件と同列にAnspruch auf rechtliches Gehörの保障下に置くという方向には、賛意を禁じ得ない。

（10）Palandt/Brudermüller, BGB 65.Aufl. §1353 Rdnr.6,; Bamberger/Roth/F.Lohmann, BGB §1353 Rdnr.5-7,; Gernhuber/Coester-Waltjen, Familienrecht 6.Aufl. §16 Rdnr.39-41.; Lüderitz,

Familienrecht 27.Aufl. §12 Rdnr.201.; D. Schwab, Familienrecht 19.Aufl. §21 Rdnr.108ff.

(11) Keidel/Giers, FamFG 16.Aufl. §266 Rdnr.10.; Rauscher/Ergarth, MünchKomm ZPO Band 4 FamFG §266 Rdnr.50.; Prütting/Helms/Heiter, FamFG §266 Rdnr.41.; Bassenge/ Roth, FamFG 12. Aufl. §266 Rdnr.3.; Bumiller/Harders, FamFG 10.Aufl. Rdnr.3.

(12) Stein/Jonas/Leipold, ZPO 23.Aufl. vor §128 Rdnr.12, 13.

(13) 鈴木忠一「非訟事件に於ける正当な手続の保障」非訟・家事事件の研究三〇一頁以下、中野貞一郎「民事裁判と憲法」民事手続の基本問題一三頁以下、同「公正な手続を求める権利」民事手続の基本問題四六頁以下。

(14) 消極説：Schlegelberger, Gesetz über die Angelegenheiten der freiwilligen Gerichtsbarkeit 7.Aufl. §12 Rdnr.19. 積極説：Lent, Freiwillige Gerichtsbarkeit 2.Aufl. §13 I, II.; Baur, Freiwillige Gerichtsbarkeit §19 III.; Habscheid, Freiwillige Gerichtsbarkeit 7.Aufl. §20 II 2.; Keidel/Kayser, FG 14.Aufl. §12 Rdnr.106.

(15) 鈴木忠一・前掲論文注(7)三〇一頁以下。

Ⅳ 同居請求権の存否に関する民事訴訟の適否

1 上来詳述したとおり、国民は、憲法第三二条、第八二条により、夫婦間の同居請求権につき終局的確定の既判力を伴う裁判を対審、公開の適正手続を経て受ける基本権を有しているのである。そしてこれは、結論において前掲最高裁判所昭和四〇年六月三〇日大法廷決定の説示にそう所以あり、かつ、上記の要件を充足する裁判手続は、現行法上民事訴訟でしかあり得ない。

ところがこの大法廷決定にあっては、夫婦関係の存続を前提としながら同居義務の存否を争う民事訴訟について、適法説の裁判官が八名、不適法説の裁判官が七名と意見が対立した。適法説の多数意見（横田(喜)ほか七裁判官）は、前に引用したとおりで、夫婦同居に関する家事審判は、実体法上の同居義務自体の存在を前提としてなされるものであり、この前提問題をなす権利関係の存否については、対審、公開の手続による既判力を伴った判決を求める民事訴訟を適法に提起することができるから、該審判に関する法規の合憲性が肯定されるというのである。これに対し、不適法説の少数意見は、夫婦同居に関する紛争には対審、公開の訴訟手続に親しまない要因があることを強調する点で一致しており、さらに、そもそも夫婦間に婚姻関係が存続している限り同居義務自体を否定し得る場合は存在しないと説き（田中ほか三裁判官）、また、旧人事訴訟手続法下にあっても夫婦の同居を目的とする訴えが無益であったし、家事審判制度の創設後にこの種の訴訟を肯認すれば、数多の混乱と弊害を招くと論じ（松田ほか一裁判官）、こうした理由で同居義務の存否の確定を求める訴えは、無意味かつ不適法といわねばならないとしている。しかし筆者は、こうした少数意見に賛成することができない。

2　夫婦間に婚姻関係が存続する限り同居義務を否定し得る場合はないから、同居義務の存否を独立に取り上げて適法な訴えの目的とすることはできないというのは、誤りである。

たしかに民法第七五二条には「夫婦は同居し……なければならない。」とあり、わが現行婚姻法においで別居の制度を認めた成文規定はない。しかし、上記民法の規定は、夫婦の関係が比較的正常な通常の状態にある場合を前提として、社会通念と倫理に照らしあるべき原則を宣明したものにすぎず、例外的に夫婦間の婚姻関係が存続中に同居義務を否定すべき場合は、たしかに実在する。(1) 極めて特異な事例ながら、かつて収監中の死刑囚が婚姻したと報道されたことがあるが、この夫婦間では同居自体がもとより事実上不可能であり、双方がこのことを承知で婚姻したに違いない。前述のとおりドイツ民法第一三五三条では、夫婦の同居が「婚姻生活共同体」の維持に向けられた義務に属するのであるが（Ⅲ5(1)）、夫婦の一方は、相手方からの求めが権利濫用の場合と婚姻が破綻状態にある場合、同条の義務を免除されるものとされている（§1353 Abs.2 BGB）。同じ事柄は、明文の規定を欠く日本法上の夫婦間の同居義務についてもいえるものと信ずる。同居請求が権利濫用の場合、前掲大法廷決定における横田（喜）ほか二裁判官の補足意見では同居義務の存在自体を否定し、田中ほか三裁判官の少数意見では、同居義務履行の具体的態様にすぎぬとしているが、筆者は、補足意見の直截な論旨に賛成であり、少数意見は、論理が技巧的で強引にすぎると考える。また、離婚手続が財産関係の処理、一方当事者の頑迷、その他諸種の事情で遷延している間に、夫婦の関係が完全別居の修復し得ぬ破綻状態に陥っており、形骸にすぎぬ婚姻が永年存続している事例は、われわれが世上しばしば見聞するところである。この間においてなお同居義務を云々するのは、現実を無視した偏狭な倫理観でしかない。

3　夫婦同居の訴えに実益が乏しいことは事実であるが、そうとしても、同居義務の存否にかかる民事訴訟の提起が不適法になるいわれはない。

たしかに夫婦同居を含む婚姻生活共同体維持のための義務は、強度の倫理的性格の故に国家権力による強制に親しまぬ要因を含んでいる。したがって、その義務の履行を命じた裁判が確定しても、これに基づく強制執行は許されない（大審院昭和五年九月三〇日決定・民集九巻一一号九二六頁。Vgl. §888 Abs.3 a.F. ZPO., §120 Abs.3 FamFG.)。また、夫婦の関係は流動的なので、同居義務の存在を認めた判決が確定しても口頭弁論終結後の事情変更で同居が不相当になることもあるが、その場合には民事執行法第三五条のような適切な対処規定がないから、同居義務不存在確認の再訴を提起するほかに有効な手段が見当たらないという困った事情もある。それで、松田ほか一裁判官の少数意見は、旧人事訴訟手続法時代から夫婦の同居を目的とする訴えが無益な存在であったとしており、ドイツの文献でも婚姻生活共同体維持のための訴えが実益に乏しいと指摘するものがある(2)。しかし、この種の訴えにつき利益を皆無と断ずるのは行き過ぎであって、かの地の学説でもそのようには考えていない。同居を命じた判決は、執行力が否定されても任意の履行を促す心理的効果を期待し得るし、不履行の場合における損害賠償義務や離婚原因の発生に繋がるものである。また、夫婦間の同居義務につきその時期、場所、態様などの具体的内容を形成した家事審判（家事事件手続法三九条、一五〇条一号、別表第二の一）が確定した後であっても、当該審判の事情変更による取消し（同法七八条一項、二項ただし書、§48 Abs.1 FamFG）を予定して同居義務不存在確認の訴えを提起することは、明らかにその利益があるとしなければならない。[3] 松田ほか一裁判官の少数意見は、こうした家事審判の覆滅を裁判実務の混乱と見て消極的に評価しているけれども、非訟事件の裁判の取消し、変更（Abänderung wegen veränderter Umstände）に関する伝統的理論を無視するもので、賛成することができない。

（1）　拙稿「訴訟と非訟」中野古稀祝賀論集(上)一〇二頁、訴訟と非訟の交錯二二頁の見解を改める。
（2）　Stein/Jonas/Schlosser, ZPO 21.Aufl. vor §606 Rdnr.14a.; Beitzke, Familienrecht 15.Aufl. §12 III 3.; Lüderitz, Famiienrecht 27,Aufl. Rdnr. 203.
（3）　本文で述べた家事審判と民事訴訟の関係につき、横田(喜)ほか二裁判官の補足意見は、仮処分と本案訴訟の関係に類似するものとしているが、筆者は、その見解を採らない。非訟事件の裁判の事情変更による取消し、変更（Abänderung wegen veränderter Umstände）の理論は、その成立の根拠からして仮処分の理論と全く無関係である。

V　家事審判と民事訴訟の交錯

1　家庭裁判所は、夫婦同居請求権といった実体私法上の権利の存否に関する裁判をするに際し、家事審判の手続に準拠するが、できるだけ民事訴訟に準じ口頭主義や公開の原則を採り入れて審理と裁判を実施することにより、違憲のそしりを免れることができないであろうか。

ドイツにおいては、非訟事件の関係人に対し適用法律が基本法第一〇三条第一項の審尋請求権（V 1.2）を無視しまたは制限している場合、より高次の基本法同条項が直接の手続法規として作用するとの学説が有力である。(1) この考え方に合理性があることは認めざるを得ないが、標記の事案には適用することができないであろう。訴訟事件と非訟事件とは、共に裁判所の所管であっても、管轄、終局裁判の方式、上訴の形式、民事保全の随伴の有無などで手続構造を著しく異にする。立法者は、すべての民事事件を訴訟裁判所（Prozessgericht od. Gericht der Streitigen Gerichtsbarkeit）と非訟裁判所（Gericht der freiwilligen Gerichtsbarkeit）とに配分しているのであって、受訴裁判所や私人が恣意をもってこの配分を変更することは許されない。訴訟裁判所は、原則として訴訟事件を所管し、訴訟手続によって裁判をし、非訟裁判所は、原則として非訟事件を所管し、非訟事件手続によって裁判をする建前であり、法律が認めている例外の場合は、極めて限られている。(2) 立法者が訴訟事件としているものは、非訟事件手続によって審理、裁判することができず、また非訟事件としているものを訴訟手続によって審理、裁判することも許されないのである。[3] **最高裁判所昭和三五年七月六日大法廷決定**（民集一四巻九号一六五七頁以下）も、この結論を認めたものと解される。もっとも、本来訴訟裁判所の管轄たるべき民事訴訟事件を非訟裁判所（家庭裁判所）が誤って非訟事件手続（家事審判手続）で裁判した場合、裁判権（Gerichtsbarkeit）の侵犯で、その裁判が無効（wirkungslos）となるというのがかつての通説であったが、[4] 近時の学説では、ドイツ基本法が認めている司法権は単一である（Art.92 GG）などの理由で、無効説を否定する傾向にある。[5] 日本法の下においても、無効説を採ることができず、ただし問題の裁判は、憲法違反として特別抗告に服するものと解する（非訟事件手続法七五条一項、家事事件手続法九四条一項、前掲最高裁昭和三五年七月六日決定参照）。

2　訴訟裁判所に民事訴訟提起の形で実質上非訟事件の裁判を求めてきた場合、または逆に、非訟裁判所に非訟事件手続に準拠して本来民事訴訟の判決であるべき既判力のある裁判を求めてきた場合、その訴えまたは申立てを不適法として却下すべきか、それとも管轄裁判所に移送すべきかという問題がある。これについてはかつてドイツにおいて説が分かれていたところ、[6] 一九九〇年の裁判所構成法改正で新設された明文規定（§17a Abs.2 S.1 Gerichtsverfassungsgesetz）は、当事者の審尋を経た後に職権で事件を管轄裁判所に移送すべきものとした。[7] しかしわが最高裁判所の判例は、却下説をとっている（昭和三八年一一月一五日判決・民集一七巻一一号一三七六四頁、昭和四四年二月二〇日判決・民集二三巻二号三九九頁）。若干疑問であるが、相応の明文規定を欠く日本法の下では、判例の却下説に賛成したい。移送説を採れば、訴訟裁判所が非訟裁判所の移送決定に、非訟裁判所が訴訟裁判所の移送決定に拘束されることになって不合理である（民事訴訟法二二条、非訟事件手続法一〇条一項、家事事件手続法九条五項参照）。

3　そこで、具体的に家庭裁判所が夫婦間の同居に関する審判の申立てを受理したときは、熟慮して対処しなければならない。審判の申立てが、抽象的な同居義務の存在を前提として同居の時期、場所、態様など同居義務の具体的内容の形成を求めているものである場合は、問題がない。しかし、同居義務の具体的内容がすでに夫婦間の合意で確定しており、夫婦の一方が同居を拒んでいることだけが紛争の原因の事案では、同居の審判申立てが実質上同居義務の存否につき終局的確定の裁判を求めているものと解されるから、裁判所の対処如何で標記1および2の問題が生ずるのである。

4　ところで、本最高裁判所昭和四〇年六月三〇日大法廷決定が取り扱っている事件の第一、二審の裁判は、はたして夫婦同居義務の存在を前提としたその具体的内容形成にかかる本質的非訟事件の裁判であったであろうか。不思議なことに、多数意見も少数意見もこの点につき触れるところがない。

筆者の憶測によれば、夫婦の一方が同居請求権の具体的内容形成を裁判所に求める事案は、人事訴訟手続法旧規定下において皆無であったのみならず、家事審判制度の創設後においても数少ないであろう。夫婦の同居が紛争の対象となるほとんどの案件は、夫婦の間柄が多かれ少なかれ不和となり、一方が他方の意に反して同居を拒んでいる場合であって、同居請求権の具体的内容をなす同居の時期、場所、態様などは、仲たがいの生ずる前に夫婦間の明示または黙示の合意で定まっているのである。そうでない例外は、夫婦が新婚旅行の間に喧嘩をして同居に至らなかったような特殊な場合にすぎない。合意で定まった同居の時期、場所、態様などの変更だけが紛議の対象となり、それが妥結に至らず審判申立てに持ち込まれるという案件も、机上では想定し得るが現実には稀と思われる。最高裁大法廷決定が本来旧家事審判法第九条第一項乙類第一号（現行家事事件手続法第三九条、第一五〇条第一号、別表第二の一の項）の事件たるべきものと想定している、同居請求権の具体的内容形成にかかる純然たる非訟事件の裁判の要件を充たした申立ては、あまり存在しないのではなかろうか。現に本決定の事案にあっても、登載判例集の記載から知り得る限り、第一審の審判は、「相手方はその住居で申立人と同居しなければならない。」という主文をもって、紛争前に同居の場所をはじめとする具体的内容形成を終えていた同居請求権に基づく、本来は民事訴訟の判決事項たるべき給付裁判をしたものとしか見ることができない。そして第二審の決定は、上記の第一審審判を正当として抗告を棄却したものである。以上の認識と推論が正しいとすれば、夫婦の同居に関する家事審判法の規定が純然たる非訟事件を対象としているから合憲であるという最高裁の見解は、むしろ当該事件の具体的審判が違憲であるとの結論に繋がるのではないか。横田(喜)ほか二裁判官の補足意見には、「夫婦の一方が故なく同居しない、又は同居させない場合に、他の一方から同居すべきこと又は同居させるべきことを求める争訟……の性質は、純然たる訴訟事件であり、……かかる請求権の存否を確定するには公開の手続による対審、判決によって裁判すべきものであって、……一般民事訴訟として訴を提起し得るものと解すべきである。従って、夫婦関係の存否又は同居請求が権利濫用であるか否か等について争がある場合に、その争を単なる非訟事件手続により審理し、決定で終局的に裁判することは許されないというべきである。」との正しい説示がある。これが抽象的理論の宣明にとどまり、具体的案件における事実審の裁判の分析とその適否の検討に進まなかったのは、何としても遺憾なことである。私見（上記1、2）によれば、最高裁は、もっぱら非訟事件手続に準拠した第二審決定を破棄し、第一審審判を取り消した上、審判申立てを不適法として却下するか、（申立ての趣意について再審査を促し）事件を第一審裁判所に差し戻すべきであった。

5　筆者は、家事審判と家庭裁判所の実務に通暁しないが、一般には、夫婦同居に関する旧家事審判法、家事事件手続法の規定の合憲性が最高裁判例によって確認されたということで、夫婦同居の訴えの提起が諦められ、家庭裁判所も同居請求権の存否にかかる本来の訴訟事件について審判で裁判し、調停が成立しなければ、旧家事審判法第二六条第一項または家事事件手続法第二七二条第四項に従い審判手続移行の措置をとっているのでないかと想像する。もしそうであれば、今一度理論の原点への復帰と判例の分析の徹底の上に立った反省を学者と実務家に求めたい。

（1）　Baur, Freiwillige Gerichtsbarkeit §19 Ⅲ 1.
（2）　共有物分割（民法二五八条）、境界画定等の形式的形成訴訟は、訴訟裁判所が非訟事件の裁判をする例外であり、いわゆる真正争訟事件は、非訟裁判所が訴訟事件の裁判をする例外である。人事訴訟法三二条一項による本案訴訟と附帯処分の一括処理は、訴訟裁判所と非訟裁判所との資格兼併を意味する。
（3）　Stein/Jonas/Schumann, ZPO 20.Aufl. Einl Rdnr.457.; Schlegelberger, Gesetz über die Angelegenheiten der freiwilligen Gerichtsbarkeit 7.Aufl. §1 Rdnr.15., §7 Rdnr.12.; 鈴木忠一「非訟事件の裁判の既判力」同表題書一六頁以下。
（4）　Rosenberg, Lehrbuch des deutschen Zivilprozessrecht 9.Aufl. §13 Ⅲ 2a.; Lent, Freiwillige Gerichtsbarkeit 2.Aufl. §7 Ⅲ, §19 Ⅱ 2.; Schlegelberger, a.a.O. §7 Rdnr.12.; 鈴木忠一「非訟事件に於ける裁判の取消・変更」前掲書注（3）七三頁以下。
（5）　Rosenberg/Schwab/Gottwad, Zivilprozessrecht 17.Aufl. §62 Rdnr.23.; Jauernig, Zivilprozessrecht 30.Aufl. §3 Rdnr.36.

（6）却下説：Rosenberg, a.a.O.; Baur, Freiwillige Gerichtsbarkeit §2 BIII 5, IV 2.; 鈴木忠一・前掲論文（注3）一七頁。移送の可能性を認める説、Keidel/Winkler, FG 10.Aufl. §1 Rdnr.6 ff.; Pikart/Henn, Lehrbuch der Freiwilligen Gerichtsbarkeit B I 3.

（7）Baumbach/Lauterbach/Albers/Hartmann, ZPO 67.Aufl. GVG §17a Rdnrn.2,7.; Rosenberg/Schwab/Gottwald, Zivilprozessrecht 17.Aufl. §9 Rdnr.32ff., §11 Rdnr.15.; Keidel/Sternal, FamFG 16.Aufl. §1 Rdnr.51.; MünchKomm ZPO Band 4 FamFG §3 Rdnr. 24ff.

4 財産分与の請求と適正手続の保障

Ⅰ　はじめに

財産分与に関する民法の規定は、その具体的内容を第七六八条で協議上の離婚のときを選んで示し、これを第七四九条で婚姻の取消しのときにつき、第七七一条で裁判上の離婚のときにつき、それぞれ準用する形をとっている。そして財産分与の請求には、準拠する裁判手続の種類によって

(1)　家事審判の申立て（家事事件手続法三九条、別表第二の四の項）
(2)　婚姻の取消しまたは離婚の訴えにおける附帯処分の申立て（人事訴訟法三二条）
(3)　財産分与請求権自体を訴訟物とする民事訴訟の提起

の三態様がある。

後に述べるように、財産分与請求に関する事件は、基本的に非訟事件である。それ故立法者も、上記(1)の家事審判の申立てを財産分与請求の原則的場合とする建前をとっているが、財産分与に関

する現実の紛争を未解決のままにして婚姻の取消しや離婚が成立する案件は実際上稀なので、財産分与の審判申立事件の実例はあまりないと思われる。実際に裁判所に係属する事件の大部分は、(2)の離婚訴訟に附帯処分たる財産分与の申立てが結合し、同時解決が求められている案件である。そしてここでは、訴訟と非訟の異なる基本原則が交錯していることから多くの複雑な問題が生じているので、論議を尽くさねばならない。(3)の財産分与請求権自体を訴訟物とする民事訴訟は、実例が乏しい分野であるが、あえて論究を試みる。

Ⅱ　財産分与申立の事件の非訟事件性

民法第七六八条は、「協議上の離婚をした者の一方は、相手方に対して財産の分与を請求することができる（第一項）。前項の規定による財産の分与について、当事者間に協議が調わないとき、又は協議をすることができないときは、当事者は、家庭裁判所に対して協議に代わる処分を請求することができる。ただし、離婚の時から二年を経過したときは、この限りでない（第二項）。前項の場合には、家庭裁判所は、当事者双方がその協力によって得た財産の額その他一切の事情を考慮して、分与をさせるべきかどうか並びに分与の額及び方法を定める（第三項）。」と規定しており、この規定は、同法第七四九条において婚姻の取消につき、同法第七七一条において裁判上の離婚につきそれぞれ準用されている。そして家事事件手続法は、その第三九条、別表第二の四の項において上記民法の各規定による財産の分与に関する処分を家事審判事項と定めているのである。

以上によれば、家庭裁判所が家事審判手続により婚姻の取消しまたは離婚の場合の財産の分与につきなし得る裁判は、申立てを不適法として却下する場合を除き、分与をさせるべきかどうか、ならびに、分与の額および方法を定めるという形において、対象の財産分与に具体的内容を創設付与するところの形成裁判にほかならない。そして、家庭裁判所が財産分与の具体的内容を形成するに当たっては、民法第七三八条第三項に従い、「当事者双方がその協力によって得た財産の額その他一切の事情を考慮し」なければならないところ、同条項で考慮すべきいわゆる「一切の事情」が何かは、学者の研究課題となっているが、立法者は、この点の画一的説明を意識的に避けている。また、こうして考慮に入れた事情から「分与をさせるべきかどうか並びに分与の額及び方法を定める」についても、明白な基準が示されていない。家庭裁判所は、立法者から付与された広範な裁量権に基づき事案に適合した処分を選択することにより、財産分与の具体的内容を形成するのである。処分の態様としては、金銭支払いのほか他の有形、無形の財産給付を命ずることが認められ、その給付が一括、分割のいずれであっても妨げず、履行期を対象の給付ごとに定めることも、一定の条件や相手方からの反対給付にかからせることも許される。「分与をさせない」と定めることも、裁量権を行使して財産分与に消極的な具体的内容を付与する形成処分にほかならない。以上に見られる家庭裁判所の判断作用は、具体的事実を抽象的法規に照らして三段論法により画一的結論を導き出す本来の意味での司法（Rechtsprechung）のそれに属しないことが明らか四である。そして申立人は、審判前に自己の欲する具体的内容の財産分与の形成に向けた権利を有しておらず、その申立てにおいて分与すべき財産の種類、数量、給付方法などを指定することができるけれども、それが裁判の内容を厳格に拘束するものではなく、裁判所は、公平と合目的性の見地に立って事案に適合した処分を選択することができる。[(1)] 以上の次第で、財産分与請求に関する審判事件は、本質的に非訟事件であるとしなければならない。[(2)(3)]

（1）　Vgl. §8 Verordnung über die Behandlung der Ehewohnung und des Hausrats; Lent, Freiwillige Gerichtsbarkeit 2.Aufl. §11 II.; Baur, Freiwillige Gerichtsbarkeit 1.Buch §17 IV 1a.

（2）　最高裁判所昭和四一年七月一五日判決（民集二〇巻六号一一九七頁）、山木戸克己「審判」中川善之助ほか編・家族問題と家族法Ⅶ二一八頁以下、鈴木忠一「非訟事件の裁判の既判力」同標題書五五頁。

（3）　家事事件手続法第一五四条第二項第四号、人事訴訟法第三二条第二項は、財産分与を命ずる裁判において金銭の支払その他の給付を命ずることができる旨規定している。これらの給付命令は、その付随的性質と非訟的手続構造にかんがみ、給付請求権の存在を終局的に確定する一般の給付判決とは外観上の類似にもかかわらず異質で、確定しても既判力を伴わない。それ故裁判の主文においても、実務で慣用の「相手方は、申立人に対し金何円を支払え。」といった、形成裁判と給付裁判を合体させたか前者の表示を省略した通常の給付判決に類似の表現形式を排し、例えば、「……離婚に伴う申立人の財産分与請求権の内容を……と定める（第一項）。相手方は、申立人に対し前項の金銭支払と所有権登記手続をせよ（第二項）。」といった文言を用いるのが妥当であると信ずる。

Ⅲ　離婚訴訟と財産分与申立事件の併合審理

1　はじめに

人事訴訟法第三二条第一項によれば、裁判所は、申立てにより、婚姻の取消しまたは離婚の訴訟において、附帯処分たる⑴子の監護者の指定その他の子の監護に関する処分、⑵財産の分与に関する処分、または⑶関係諸法規による標準報酬等の按分割合処分をも事件処理の対象に加えて審理を併合し、請求認容の判決においては同時に関連の附帯処分について裁判をしなければならない。もっとも以上各種の手続結合のうち実際に裁判所に係属する事件での圧倒的多数は、離婚訴訟の過程で財産分与請求がなされる場合であるから、本稿は、もっぱらこれを主題とする。ここでの理論は、おおむね婚姻取消訴訟、他の附帯処分の場合の併合審理、同時裁判についても妥当するはずである。

2　財産分与申立事件の準拠手続原則

財産分与の申立事件は、離婚訴訟と手続を結合していても、財産分与の家事審判事件につき前段（Ⅱ）で述べたところがそのまま妥当し、非訟事件としての本質を失うものでない。それ故、この附帯処分たる財産分与の申立てについては非訟事件手続に関する基本原則が適用されるのであって、具体的には下記の諸点に注意すべきである。

(a)　民事訴訟、人事訴訟では判決が原則として必要的口頭弁論に基づいてなされる（民訴法八七条）のと異なり、財産分与の申立事件にあっては口頭主義の原則が徹底されていない。裁判所は、離婚事件と附帯処分たる財産分与の申立事件に共通の口頭弁論期日を設定すべきであるが、財産分与申立事件については、最初の共通口頭弁論期日の前または口頭弁論期日の合間に非訟事件たる家事事件で許される非公開の審理（家事事件手続法三三条）を進めても妨げない。離婚事件と関連非訟事件とは手続原理を異にし、両事件の弁論の共通とは、両事件の共通最終口頭弁論期日において関連非訟事件にかかるすべての手続資料を当事者に開示し、意見陳述の機会を与えることを要するという意味にすぎない[1]。

(b)　民事訴訟法の証拠調手続に関する規定は、多分に非訟事件手続、家事審判手続にも準用されており（非訟事件手続法五三条、家事事件手続法六四条）、離婚訴訟に結合された附帯処分の手続についても然りと解すべきであるが、こうした附帯の非訟事件における事実の認定は、前示民事訴訟法所定の方式を経た「厳格な証明」（Strengbeweis）による必要はなく、裁判所の裁量により、関係官庁、私人に向けた無方式の照会、単なる関係人や第三者に対する審尋の結果といったような「自由な証明」（Frweibeweis）によっても妨げない[2]。ことに人事訴訟法は、その第三三条以下の明文規定において、婚姻取消訴訟、離婚訴訟の附帯処分等につき、裁判所、受命裁判官、受託裁判官、家庭裁判所調査官による「事実の調査」の名で「厳格な証明」によらずに事実認定を行うことを許容しており、これは、「自由な証明」の典型例にほかならない。

3　財産分与申立事件で得られた証拠資料の離婚訴訟への流用

財産分与申立事件につき前述のように本来訴訟事件では認められない方法で得られた資料は、離婚事件との共通の口頭弁論に顕出されたとき、そのまま離婚事件の訴訟資料となり得るであろうか。問題は、財産分与申立事件で得られた裁判官の心証形成が離婚訴訟の準拠手続原則の制約下で認定可能の限界をこえている場合に生ずる。婚姻取消訴訟、離婚訴訟が地方裁判所の管轄であった旧人事訴訟手続法下において、一部の家庭裁判所移管推進論者は、当時の離婚訴訟で附帯の非訟事件につき家庭裁判所調査官の調査結果を利用し得ぬまま裁判しなければならぬことを論難していた。[3] ドイツにおいても、その民事訴訟法第六二三条旧規定下の婚姻訴訟事件に附帯の非訟事件が結合し異種の手続原則が併存していた場合に関して、非訟事件の全面的職権探知（婚姻訴訟では§621Abs.2 a.F.ZPO により婚姻維持の方向での片面的職権探知主義が採られていた。）と「自由な証明」により得られた心証形成をそのまま婚姻訴訟に利用することを許容する学説が有力であった。[4] しかし筆者は、こうした便宜論を支持しない少数説の方に共感を覚える。[5] 新制度の人事訴訟では全面的職権探知主義が採られているので（人事訴訟法三〇条が旧人事訴訟手続法一四条の片面的職権探知主義を廃している。）、この点では非訟事件と差異がないけれども、人事訴訟の一環である離婚訴訟において、その根幹をなす離婚原因の存否にかかる事実認定を「自由な証明」に委ねることは、断じて許されないと考えたい。私法上の権利の存否にかかる民事訴訟の判決手続において要件事実の認定に「厳格な証明」が求められることは、憲法上の適正手続保障に通ずる大原則である。その原則が附帯非訟事件との手続結合を見るや俄然否定されるに至ることは、背理以外の何物でもない。私見は、近時の立法における離婚訴訟の家庭裁判所移管を推進した人達や多くの実務家の感覚に合致しないかもしれないが、離婚訴訟の帰趨が附帯非訟事件で得られた心証で現実に左右される事例は、おそらく皆無に近いであろうし、私見に従うことで離婚事件の処理が実際上困難になるとは思えない。

4　離婚判決と財産分与の裁判との同時処理

離婚事件と財産分与申立事件との手続結合には、離婚判決の確定遷延を招きかねぬという重大な問題点がある。

(1)　本稿の主題からは若干それるが、近接分野で類似の問題点を抱えている離婚事件と損害賠償請求事件との併合審理について略述したい。

人事事件手続法一七条によれば、離婚の訴えと離婚原因事実によって生じた損害の賠償（多くの場合は慰藉料）請求の訴えとの手続併合が認められている。しかし、前者は職権探知主義を、後者は弁論主義を基調としており、民事訴訟法の一般原則によれば、このような異種訴訟手続に準拠する訴え相互間の併合は認められないはずである（同法一三六条、§260 ZPO）。現に改正前のドイツ民事訴訟法の下では、離婚の訴えと関連の損害賠償の訴えとの間でも併合の禁止が貫かれていたし（§610 Abs.2 S.1 a.F.ZPO）、現行家事、非訟事件手続法下では、離婚事件が決定手続になっているから（§38 FamFG）、他の判決手続事件との併合はそもそも問題にならない。わが人事訴訟手続法が前示異種訴訟併合禁止の原則に対する例外として離婚の訴えと関連損害賠償請求の訴えとの併合を許容しているのには、紛争の一回的解決と当事者の立証の便宜をはかる意味合いがある。しかし、両事件併合の事案のほとんどにおいては、既に当事者の婚姻関係が破綻しまたは破綻に瀕しており、離婚事件の争点が比較的単純で、離婚判決の結論が併合の以前から予測される反面、損害賠償事件の争点は、おおむね単純でなく、しばしば終局判決に至るまでに相当の日子を要するものであり、その結果は、既に形骸化した婚姻関係の無益でいびつな継続でしかない。この傾向は、ことに離婚の訴えと反対方向の関連損害賠償請求の訴えとが（多くの場合、離婚および損害賠償請求または損害賠償請求だけの反訴提起により）併合され、不誠実な離婚訴訟の被告が、嫉妬や嫌がらせのためことさらに複雑な主張、立証を構えるときに著しい。問題は、第一審に限られない。離婚訴訟の被告が反訴で離婚と損害賠償を求めるという典型的事案では、大概本訴および反訴の離婚請求が共に認容されるのであるが、損害賠償の反訴請求が全部認容されることは稀で、反訴原告（反訴被告）が上訴する運びになり、その場合、自分が勝訴した離婚婚判決部分の確定まで遮断され（上訴不可分の原則）、婚姻関係がなお数年無益に継続する結果となる。逆に、判決において損害賠償請求が大幅に認容された場合、反訴被告・本訴原告は、離婚判決の早期確定を犠牲にして賠償義務を争うべきか、離婚判決の早期確定を得るため甘んじて賠償の責に任ずべきかのディレンマに陥るのである。以上に述べた弊害は、裁判所の当を得た手続分離の訴訟運営によって確実に避けることができる事項であるが、そのためには、一般裁判官の意識改革が必要かもしれない。(6)立法論としては、離婚訴訟の係属中はその被告からの反訴または独立の訴えによる関連損害賠償請求との併合が許されぬものとするか、この併合が生じた場合に離婚訴訟の原告から口頭弁論分離の申立てがあれば、必要的に分離を命ずべきものとするのが相当であろう。

(2)　人事訴訟法第三二条第一項によれば、裁判所は、離婚の訴訟において、（訴え却下または請求棄却を解除条件とする）申立てにより、附帯処分たる財産の分与に関する処分をも事件処理の対象に加えて審理を併合し、請求認容の判決においては同時にこの附帯処分についても裁判をしなければならない。以上のうち審理併合の点はともかくとして、離婚判決と財産分与の処分との必要的同時裁判の条項規定は、当事者の便宜と訴訟経済を図ったもので、その点に合理性があることは認めるけれども、法の硬直な原則固持が実際上少なからぬ弊害を招いていることも否めない。同条項は、私見によれば、明らかに立法者の過誤に由来する不合理な規定である。離婚の訴えに財産分与の申立てが併合されている事案のほとんどでは、既に当事者間の婚姻関係が破綻していて修復の見込みがなく、双方の当事者が離婚を望んでいるか、請求棄却を求めている当事者も離婚の結論を不可避と考えており、事件そのものにはさしたる争点が見られず、審理の早期の段階で離婚判決の結論が容易に予測可能である。しかしその反面、財産分与事件の方は、ほとんど例外なく争点が複雑、多岐にわたっており、裁判所がその結論を得るのにかなりの日時を要することがしばしばである。財産分与を求める方の当事者が相手方から過分の譲歩を引き出すため、ことさら争点を複雑にして手続の遷延をはかる事例も稀でない。その他、損害賠償請求事件との併合の場合につき前段で述べたもろもろの弊害は、ここでも問題となる。しかも、離婚訴訟と財産分与事件の手続分離の途はなく、離婚判決は、財産分与の裁判と同時にしなければならず、かつ、これと同時でなければ確定しないと一般に考えられているのであるが、その結果は、しばしば破綻した婚姻関係の無意味かつ有害な継続でしかない（当事者の一方または双方が、訴訟継続中に他の異性と安定した同居、事実婚生活を営んでいることも多い）。立法論としては、ドイツ家事、非訟事件手続法（Gesetz über das Verfahren in Familiensachen und in den freiwilligen Gerichtsbarkeit《FamFG》vom 17.12.2008）にならい、一定の場合には附帯事件（Folgesachen）の裁判に先立つ離婚の裁判を認め（§140 Abs.2 FamFG）、離婚事件と附帯事件の双方が一個の裁判でなされたときでも、それぞれが別箇の上訴に服するものとし（§

145 FamFG）、附帯事件の進行、帰趨にかかわらない離婚判決の早期確定とこれに伴う婚姻の解消（§1564 S.2 BGB）を容認するのが相当であろう。

(3)　上述の必要的同時裁判の原則に内在する問題点を如実に示した最近の裁判例が二つある。これらに対する検討は、該原則の適用範囲に関する解釈論にも示唆を与えるものと考える。

(a)　東京高等裁判所平成七年三月一三日判決（判タ八九一号二三三頁）は、旧人事訴訟手続法下において、離婚請求に財産分与申立てが附帯併合されているが、分与相当不動産につき設定された普通抵当権や根抵当権の被担保債務の返済が順当でないなど、夫婦共有財産の価額に流動的事情が多いという事案において、担保権の消長などを見るため家事審判などに財産分与関連の処理を委ねるのが相当であるとし、財産分与「請求を棄却」（「申立て却下」の意？）している。実定法の解釈論としてはにわかに賛同しかねるけれども、問題に一石を投じた裁判である。判旨に賛成する向きも多いであろう。

(b)　最高裁判所平成一六年六月三日判決（判時一八六九号三三頁）は、「原審の口頭弁論の終結に至るまでに離婚請求に附帯して財産分与の申立てがされた場合において、上訴審が、原審の判断のうち財産分与の申立てに係る部分について違法があることを理由に原判決を破棄し、又は取り消して当該事件を原審に差し戻すとの判断に至ったときには、離婚請求を認容した原審の判断に違法がない場合であっても、財産分与の申立てに係る部分のみならず、離婚請求に係る部分（拙注――この事件では上告人の不服申立部分にも含まれていない）をも破棄し、又は取り消して、共に原審に差し戻すこととするのが相当である。」と判示した。

事ここに至っては、筆者も判旨に反対せざるを得ない。(7) 離婚訴訟と附帯処分申立てとの同時処理は、上述のとおり当事者の便益と訴訟経済をはかる法政策上の配慮に基づく制度にほかならず、合目的性をこえた理論的不可分性を意味するものでない。裁判所が、訴訟の経過から離婚の結論が必然で当事者双方も受忍すべきもの（ひとしく離婚を求める本訴と反訴が併合され、双方が明らかに正当である事案も稀でない）と判断した段階にあっては、人事訴訟法三六条において附帯処分にかかる独立の審理、裁判が求められている場合と同様に、離婚訴訟と附帯処分の申立ての手続分離を容認するのが相当であると信ずる。(8)

（1）　Stein/Jonas/Schlosser, ZPO 21.Aufl. §623 Rdnr.16.; MünchKomm/Finger, ZPO 2.Aufl. §623 Rdnr.41.

（2）　Schlegelberger, Gesetz über die Gelegenheiten der freiwilligen Gerichtsbarkeit 7.Aufl. §12 Rdnr.21, §15 Rdnr.5.; Baur, Freiwillige Gerichtsbarkeit §16 IV : Habscheid, Freiwillie Gerichtsbarkeit 7.Aufl. §21 II 1.; Keidel/Sternal, FamFG 17.Aufl. §29 Rdnr.15.; Brehm, Freiwillie Gerichtsbarkeit 4.Aufl. §11 Rdnr.8ff.

（3）　司法制度改革審議会報告書の家庭裁判所移管論の項、大阪弁護士会「家事事件審理改善に関する意見書」（判タ一〇四五号五頁）、西岡清一郎「最近の地方裁判所における離婚訴訟の実情と家庭裁判所への移管について」（判タ一〇三一号六頁）。

（4） Roth, Prozeßmaximen im familiengerichtlichen Verbundverfahren, ZZP Bd.103 S.5ff.; Diederichsen, Entwicklung und Funktion des Eheprozeßrechts, ZZP Bd.91 S.414ff.; Stein/Jonas/Schlosser, ZPO 21.Aufl. §624 Rdnr.2.

（5） Jauernig, Zivilprozessrecht 28.Aufl. §91 IV 2.; Jauernig/Hess, Zivilprozessrecht 30.Aufl. §91 Rdnr.44.

（6） わが国の裁判実務においては、請求の客観的併合の場合、一の請求につき一部判決をする事例が皆無に近い。その理由を説明した文献は知らないが、問題は、一部判決に対し上訴が申し立てられたとき訴訟記録の複製が必要になることと、裁判官の判決起案の回数が増えることに尽きると思われる。しかし、実務も請求の主観的併合野場合にはしばしば一部判決をしているので、立場が一貫していない。また、上記のいずれの理由も説得力に欠ける。記録の複製の点は、コピアーの普及した時代にそぐわぬ言い訳けである。判決起案作業の加重も、大したものでない。それにもかかわらず、わずかな記録複製と判決起案の郎を避けるため、単純な離婚訴訟の一部判決を厭い、口頭弁論の終結までなお相当の期間を要すべき損害賠償請求事件との併合審理を推進し、両事件についての一括判決の確定に至るまで、一方または双方当事者の意向に反して（多くの場合には既に形骸と化した）婚姻関係を継続させることは、断じて司法の正しいあり方ではないと信ずる。

（7） 私見と同様、判旨に反対の説として、松本博之・人事訴訟法三一一頁。

（8） 離婚訴訟から分離された財産分与申立ての準拠手続は、若干疑問である。異様な形になるが、分離前の手続をそのまま踏襲して、判決で裁判し、それが控訴、上告に服するものと解したい。当初から財産分与の家事審判申立てがなされた場合と整合しないけれども、法の不備に基づくやむを得ぬ結論と考える。

Ⅳ　財産分与請求権を訴訟物とする民事訴訟

1　具体的内容形成前の財産分与請求権

(1)　婚姻の取消しまたは離婚の場合における財産の分与に関する家事審判ならびに人事訴訟法第三二条第一項の附随処分についての裁判が、本質的に非訟事件の形成裁判にほかならないとすれば、その形成の前提として具体的内容が未決定の財産分与請求権という一つの権利が存在し得るのかが問題となる。

(a)　我妻栄氏は、これを肯定し、婚姻取消しまたは離婚の事実のほかに財産分与請求権の構成原因たる婚姻中の共同財産の清算、婚姻終了後の生活扶養の必要、いわゆる離婚慰謝料の三要素のうちのいずれかが肯認されるならば、財産分与請求権が当然に生ずるとする。(1)

(b)　鈴木忠一氏は、上記の我妻説と異なり、そもそも財産分与請求権は、協議または非訟事件の裁判によってはじめて形成されるものであり、その協議または非訟事件の裁判以前には私権の実質を具えた財産分与請求権なるものが存在しないとする。(2)

(2)　筆者は、協議または非訟事件の裁判による具体的内容形成前の財産分与請求権も私権たる実質を具えるものと考え、この結論において我妻説に同調するものである。具体的内容が定まらないでも私権たる実質を有することが明らかな例として、地代決定前の法定地上権（民法三八八条）、親族間の扶養請求権（同法八七七条）を挙げることができる。また結論の当否については争いがあるが、最高裁判所大法廷昭和四〇年六月三〇日の二つの決定（民集一八巻四号一〇八九頁以下、同一一一四頁以下）における多数意見は、協議または審判による具体的内形成前の夫婦間の同居請求権ならびに婚姻費用分担請求権の存否が、それ自体で民事訴訟の訴訟物になると説示しており、また、同じく最高裁判所大法廷の昭和三三年三月五日判決（民集一二巻三号三八一頁）における少数意見は、罹災都市借地借家臨時処理法第二条により設定されまたは同法第三条により譲渡されたけれども、協議または同法第一五条の裁判による具体的内容形成が未了の借地権の存否が、それ自体で民事訴訟の訴訟物になると説示していることを想起すべきである。ただしこうした私権の実質を有する財産分与請求権は、私見によれば我妻説と異なり、婚姻の取消しまたは離婚の事実が存在すればそれだけで当然に旧夫婦相互間に発生するのであり、婚姻中の共同財産の清算、婚姻終了後の生活扶養の必要、離婚慰謝料といった要素が具体的に存在することを必要としない。それで、既述（Ⅱ）のとおり裁判所が婚姻の取消しまたは離婚の具体的案件において民法第七六八条第二項により「分与をさせない」と定めることも、財産分与請求権にゼロの消極的な具体的内容を付与する形成裁判にほかならず、その場合に財産分与請求権自体の存在を否定して分与の申立てを排斥するのは、誤りであると考える。

ただし具体的内容形成前の財産分与請求権の存否は、後記の極めて稀有の例外的場合を除き、婚姻の取消しまたは離婚の成立と必然的に消長を共にするものであるから、独立に分与請求権自体の存否の確認を求める訴えは、その利益を欠き不適法であるといわねばならない。[3] 給付の訴えを提起した場合は、当該請求権が形成未了のため請求棄却の判決を免れず、同請求権は、もとより相殺の自働債権にもなり得ない。もっとも、筆者が想定し得た唯一の例外的案件で、実際に起こることは稀と思われる場合であるが、財産分与請求権が具体的内容形成前に放棄されたかどうかが争われているとき、その分与請求権の存否につき既判力を伴う判決を求めて積極的または消極的確認の訴えを提起することは、法律上の利益があり許されるものと考えたい。この消極的確認判決が確定すれば、その前になされた財産分与にかかる矛盾する内容の審判または判決中の附帯処分の裁判は、事情変更による取消しを免れ得ないわけである（家事事件手続法第七八条第一項、第二項ただし書）[4]。

2　具体的内容形成後の財産分与請求権

(1)　協議による具体的内容形成を経由した財産分与請求権に基づく給付の訴えが許されることには、異論がないであろう。しかし、非訟事件の裁判による具体的内容形成を経由した財産分与請求権に基づく給付の訴えについては、これを許すべきでないと解するのが一般かと思われる。[5] しかし、家事審判にせよ人事訴訟法第三二条の裁判にせよ、これで財産分与請求権の具体的内容を形成する場合には附随の給付命令（家事事件手続法一五四条二項四号、人事訴訟法三二条二項）を付加するのが通例であるが、給付命令を付加しない財産分与に関する非訟事件の裁判もあり得るから、その裁判の確定後には分与財産の給付を求める訴えが許されないとおかしい。また、財産分与につき給付命令を付加した審判や離婚判決の原本および執行力のある正本が滅失したときは、財産分与請求権の具体的内容形成が既に終えている以上さらに同じ形成裁判を求めることはできないから、該請求権の満足を得るための法的手段としては、既往の形成内容に従った分与財産の給付を求める訴えを提起するほかはあるまい。さらに、財産分与につき給付命令を付加した審判や離婚判決が確定してその原本と正本が現存していても、その裁判は、具体的内容形成後の給付請求権の存在につき既判力を有しないから、該請求権につき既判力を伴った判決を求めて民事訴訟を提起する途は、当然開かれていなければならない。ただしこの最後の場合、原則として確認の訴えだけが許され、給付の訴えは、権利保護の利益を欠き不適法であるが、債務者からさきの裁判を債務名義とする強制執行につき請求異議の訴えが提起されて執行に障碍が生じたときのような特別の場合に限り、例外として許されると解すべきである。大審院の判例は、原告が債務名義になる公正証書を取得しているときもその証書に表示の債権にかかる給付の訴えを適法と認めており、通説もこれに賛成しているが、(6) ドイツでは、この場合につき上記の私見と同旨に解するのが一般である。(7)

(2)　原告が財産分与の具体的内容形成にかかる協議または非訟事件の裁判に先立ち、自己の欲する内容の財産分与請求権につき既判力のある判決を求めて確認または給付の訴えを提起してきたときは、未だかかる請求権の形成がないから、請求棄却の実体判決をしなければならない。婚姻取消しまたは離婚に先立つ財産分与請求の訴えは、将来の給付の訴えであるが、既に当事者間の協議で財産分与の具体的内容形成が終えているときは、あらかじめ請求をする必要があれば許されるであろう。これらの訴えは、婚姻取消しまたは離婚の訴えと併合して提起することができず（人事訴訟法一七条一項の反面解釈）、第一審の管轄裁判所は、地方裁判所である。原告の請求を認容し、婚姻取消しまたは離婚の成立を停止条件として分与財産の給付を命じた判決には、仮執行の宣言を付することが可能であり、原告が婚姻取消しまたは離婚の成立を証する文書を提出することで、判決に執行文の付与を受けることができる（民事執行法二七条一項）。

（1）　我妻栄・親族法一五六頁、一六五頁。
（2）　鈴木忠一「非訟事件の裁判と執行の諸問題」非訟・家事事件の研究二三頁以下、同「夫婦同居等の審判に関する諸問題」前同書八二頁以下。
（3）　拙稿「財産分与請求の裁判手続」山木戸教授還暦記念(下)三七七頁、拙書・訴訟と非訟の交錯六九頁の旧説を改める。
（4）　家事事件手続法第七八条は、審判の取消し、変更の規定であるが、本文記載のとおり人事訴訟法第三二条の附帯処分についての裁判にも適用があるものと考えたい。
（5）　東京高裁昭和三五年五月二六日決定（下級裁民集一一巻五号一一六〇頁）、宮崎地裁昭和二九年一二月七日判決（下級裁民集五巻一二号一九八八頁）、我妻栄・親族法一六二頁、市川四郎「財産分与請求」総合判例研究叢書民法(3)一一五頁、同「財産分与の額および方法」中川還暦記念＝家族法大系Ⅲ五六頁。

(6) 大審院大正七年一月二八日判決(民録二四輯六七頁)、同昭和六年七月三〇日判決(評論二〇巻民訴四七八頁)、同昭和一八年七月六日判決(法学一三巻二号一三八頁)。菊井維大・民事訴訟法講義二二六頁、兼子一・条解民事訴訟法二二六条二(2)、菊井維大＝村松俊夫原著・コンメンタール民事訴訟法Ⅲ一三五条〔2〕九六頁、岩松三郎＝兼子一編・法律実務講座民事訴訟編四〇頁、斎藤秀夫・民事訴訟法概論一七六頁、小山昇・民事訴訟法二一二頁、新堂幸司・新民事訴訟法二三二頁。

(7) Stein/Jonas/Münzberg, ZPO 22.Aufl. § 794 Rdnr.138.; Baumbach/Lauterbach/Albers/ Hartmann, ZPO 67.Aufl. § 794 Rdnr.1.; Rosenberg/Schwab/Gottwald, Zivilprozessrecht 17.Aufl. § 89 Rdnr.31.; Baur/Stürner, Zwangsvollstreckungs-Konkurs-Vergleichsrecht Band I 12.Aufl.Rdnr.16.30.; A.Blomeyer, Zivilprozeßrecht § 35 II. なお、三ケ月章・民事訴訟法(全集)六一頁、新堂幸司＝福永有利編・注釈民事訴訟法(5)〔上原敏夫〕二二六条Ⅱ三イは、上記のドイツにおける通説に賛成する。

V　財産分与と離婚慰藉料の関係――いわゆる包括説に対する批判――

1　財産分与の裁判は離婚慰藉料請求の障碍となるか？

裁判所が財産分与の具体的内容を形成する場合、民法第七六八条第三項に従い「当事者双方がその協力によって得た財産の額その他一切の事情を考慮し」なければならないところ、そのいわゆる「一切の事情」が何かについては、立法者が画一的説明を避けている。そのため、財産分与請求権の構成要素をいかに解するかにつき諸説の一致を見ないが、有力説によれば、該請求権は、(a)夫婦共同生活係属中の実質潜在的共通財産の清算、(b)婚姻終了後の扶養、(c)離婚慰謝料の三要素を包摂した包括的な請求権だというのである。[1] 上記のうち(a)と(b)についてはあえて反対するものでないが、(c)の慰謝料を財産分与に包摂させているのは、すこぶる問題といわねばならない。このいわゆる包括説は、立法の沿革に動かし難い根拠があるらしいが、[2] その信奉者が手続法との関連でなす議論には、到底承服し難い点がある。

包括説の論者は、財産分与請求をなし得る事案においてその申立てによらず離婚慰藉料だけを独立に請求することが許されぬとまでは極論しないのであるが、紛争処理の一回性を強調し、原告が離婚の訴えに併合してその「請求の原因である事実によって生じた損害の賠償」請求の訴えを提起している場合（人事訴訟法一七条一項、二項、旧人事訴訟手続法七条二項）、裁判所は、釈明権を行使して損害賠償の請求を財産分与の申立てに移行させることに努めるのが望ましいという。[3] しかし慰藉料請求の訴えは、疑いもなく既判力を伴う訴訟事件の判決の申立てであり、財産分与に関する非訟事件の申立てとは全く性質を異にする。前者を後者に移行させるように努めるということは、ひっきょう原告に訴えの取下げを促すことに帰し、釈明権の行使とは異質の措置であり、原告の裁判を求める憲法上の権利を不当に軽視するものといわねばならない。また包括説の論者は、調停または非訟事件の裁判で慰謝料的要素を含む財産分与請求が認められた後には、離婚原因による損害賠償請求の訴えを許す余地がないとするが、(4) 短絡的な議論と思われる。こうした先行する財産分与の調停または裁判については、これに基づく強制執行が許されぬ場合もあり（上記Ⅳ2(1)参照）、また既判力も否定されるから、後行の離婚原因に基づく損害賠償請求につき既判力を有する判決を求めた訴えが当然に不適法になるいわれはないであろう。

2　財産分与は離婚慰藉料の要素を含むか？

前述のとおり有力説は、財産分与請求権が、(a)夫婦共同生活係属中の実質潜在的共通財産の清算、(b)婚姻終了後の扶養のほか、(c)離婚慰謝料の要素も包摂した包括的な権利だと解しているところ、最高裁判所の判例も、原則的にはこの有力説に同調しているか若干好意的のようである（昭和三一年二月二一判決・民集一〇巻二号一二七頁、昭和四六年七月二三日判決・民集二五巻五号八〇八頁）。しかしこの考え方に従うと、財産分与請求権は、離婚慰謝料請求権と内容的に一部競合するから、双方の請求権の満額認容が許されるかという問題が生ずる。そこで最高裁判所昭和五三年二月二一日判決（家裁月報一〇巻九号七四頁）は、「離婚に基づく損害賠償及び財産分与の双方を併合して請求する……場合には裁判所は財産分与額を定めるにつき損害賠償の点をその要素として考慮することができなくなる」と説示した。この判例は、包括説の一部否定であるが、事案には適切に対処したものとして賛意を禁じ得ない。家庭裁判所における離婚訴訟手続の一般実務も、この線で遂行されているものと思われる。しかし、一個の離婚に基づく慰謝料請求と財産分与請求とが併合審理、単一裁判に服するとは限らない。前者は、離婚訴訟から独立した通常民事訴訟の判決手続で第一審の管轄が地方裁判所または簡易裁判所のこともある。後者は、離婚判決の附帯処分ではなく家庭裁判所の家事審判で裁判されるのがむしろ法の定める原則であり、さらに前述した筆者の見解（Ⅳ２）では、稀ではあるが地方裁判所を第一審の管轄とする通常民事訴訟で審理、裁判される場合もあり得る。そうすると包括説に従うならば、慰藉料請求の訴えと財産分与請求の訴えとが民事訴訟法の禁ずる重複起訴（同法一四二条）の関係に立たないといえるだろうか。地方裁判所が一定金額の慰藉料支払いを命じてその判決が確定し、家庭裁判所も別途財産分与として慰藉料の要素も斟酌し相当額の金銭給付を命じたとき、その合算額の給付を是認するのはおかしいが、これに対処する救済は、不当利得返還請求（民法七〇三条）によるのかそれとも請求異議の訴え（民事執行法三五条）によるのか、また、そのどちらの途を選んでも過剰支払金額の算定が大概むずかしいのではなかろうか。上記の場合はまだよいので、家庭裁判所が財産分与の内容としてもっぱら金銭支払いでない現物給付を選択決定したときは、法律家の筆者も全く対処の途を見出すことができない。いずれにせよ、包括説には著しい構造的欠陥があるものといわなければならない。

（１）　我妻栄・親族法一四九頁以下、来栖三郎「離婚による慰藉料の請求が認められるか――慰藉料請求権と財産分与請求権との関係」法協雑誌七四巻二号二〇一頁、高野耕一・財産分与の研究（司法研究報告書一四輯七号）、同「財産分与と慰謝料」ジュリスト五〇〇号二一〇頁、同「財産分与と慰藉料との関係」財産分与・家事調停の道九一頁、同「民法第七六八条の系譜的考察」前同書一頁。

（3）我妻栄・親族法一五七頁、川島武宜「離婚慰藉料と財産分与との関係」我妻還暦記念・損害賠償責任の研究二七九頁。なお、包括説を採る一部の裁判所のある時期での扱いでは、事件受理の段階から本文掲記の釈明権行使の結果を先取りするかのごとく、離婚の訴えの訴状に慰謝料請求が明記されていても、該請求の申立手数料としては、請求額の多寡を問わず旧民事訴訟費用等に関する法律別表第一第一五項の家事審判法九条一項乙類の審判申立てのそれに準じ一律三〇〇円を徴収していたのを、筆者は知っている。

（4）我妻栄・親族法一五七頁、高野耕一「財産分与と慰謝料」ジュリスト五〇〇号二一二頁。

Ⅵ　財産分与と保全処分

立法者は、財産分与請求の原則的場合を家事審判の申立てとする建前をとっており（民法七六六条、七七一条、家事事件手続法三九条、別表第二の四の項）、家庭裁判所は、この審判の申立てがあった場合においてこれを本案とする「仮差押え、仮処分その他の必要な保全処分」（仮の処分――einstweilige Anordnung――）を命ずることができる（家事事件手続法一五七条一項四号）。もっとも前述のとおり、財産分与に関する現実の紛争を未解決のままにして婚姻の取消しや離婚が成立する案件は稀なので、財産分与の審判申立事件の実例はあまりなく、実際に裁判所に係属する事件のほとんどは、離婚訴訟に附帯処分たる財産分与の申立てが結合し、同時解決が求められている案件である（人事事件手続法三二条一項）。そして法は、この離婚の訴えや財産分与の申立てを本案とする仮の処分に関する明文の規定を設けていないけれども、実務の大勢は、この場合に民事保全法上の仮差押え、仮処分が許されるものとして運営されているらしい。しかし上来詳述したとおり、財産分与の裁申立事件は、離婚訴訟に附帯する場合でも本質的に非訟事件にほかならぬところ、およそ非訟事件の裁判の申立てには民事保全法上の保全命令の本案適格を認めることができない。この点については、筆者がかつて旧稿（「人事訴訟と民事訴訟」拙書・訴訟と非訟の交錯所収）で詳述したところであるから、反覆詳論を避け、以下のとおり簡単な記述にとどめる。

保全訴訟法上の仮差押命令および仮処分命令は、もっぱら訴訟裁判所が訴訟手続により存否の判断に既判力を伴う請求のために認められるものであり（同法一条）、立法者は、民事保全命令が非訟裁判所に分配された事件を本案にして発せられることを全く予定していない[(1)]。人事訴訟法が（同法三〇条において）保全命令の本案として想定している「人事訴訟」も、同法二条各号に制限列挙されている身分関係の形成または存否の確認を目的とする訴訟そのものにほかならず、財産分与のような附帯の非訟事件の裁判の申立てを含む概念とは解し得ない。ちなみにドイツにおける婚姻訴訟等に伴う保全処分に関する立法は、前世紀以降「仮処分（einstweilige Verfügung）」からこれとは異質の「仮の処分（eistweilige Anordnung）」へと漸次転化していたのであり[(2)]、二〇〇八年制定の家事、非訟事件手続法（Gesetz über das Verfahren in Familiensachen und in den Angelegenheiten der freiwilligen Gerichtsbarkeit《FamFG》）は、非訟事件の裁判にかかる保全処分としては「仮の処分」だけを（§49ff. FamFG）、家事事件にかかるそれには「仮の処分」と仮差押えを（§119 FamFG）認めており、民事訴訟法上の「仮処分（§935 ZPO）」の排除を明確にしている。(3) 以上の次第で、実務が離婚訴訟の訴えに附随する財産分与の申立てを本案とする民事保全法上の保全命令申立てを是認しているのは、誤りであると信ずるが、実際上の必要にこたえるためには別の方策を考えなければならない。そこで試案であるが、この附随処分たる財産分与の申立てがあった場合、この項の冒頭で触れた財産分与請求の家事審判申立てがあった場合に準じ、家事事件手続法一五七条一項四号の類推適用を認め、然るべき「仮の処分」を命ずることができると解してはどうであろうか。かなり強引な議論であることは認めるが、民事保全法上の保全命令を肯認するよりは理論上の無理がない解決方法であると考える。こうした苦肉の策よりも然るべき立法が望ましいことは、いうまでもない。

（1）　Stein/Jonas/Pohle, ZPO 18.Aufl. vor §919 I 1a.; Stein/Jonas/Grunsky, ZPO 22. Aufl. vor §§916 Rdnr.28.; MünchKomm/Heinze, ZPO 2.Aufl. §919 Rdnr.4.; 1東京地裁昭和三四年二月二七日決定（判時二二三号一〇頁以下）、鈴木忠一「非訟事件の裁判及び訴訟上の和解の既判力」非訟事件の判決の既判力一六三頁以下、同「非訟事件の裁判と執行の諸問題」非訟・家事事件の研究三七頁、山木戸克己「家事審判と保全処分」家族法体系Ⅰ 三一〇頁以下、三ケ月章「戦後の仮処分判例の研究」民事法研

究二巻三八頁以下、宮崎幸彦「非訟事件と保全訴訟」民事法の諸問題三四二頁以下、岡垣学「非訟事件を本案とする仮処分」村松還暦記念（下）二三一頁以下、中野貞一郎「通常仮処分か特殊仮処分か」強制執行・破産の研究二七〇頁以下。

（2）　中野貞一郎・前掲注（1）論文二七二頁以下。

（3）　Keidel/Giers, FamFG 16.Aufl. § 49 Rdnr.4.; Bork/Jacoby/Schwab/Lönig/Heiß, FamFG 2.Aufl. § 49 Rdnr.1.

5　推定相続人廃除の裁判手続

Ⅰ　はじめに――問題の所在――

夫婦が婚姻の届出前に夫婦財産契約をしていた事案について、民法第七五二条第二項は、「夫婦の一方が、他の一方の財産を管理する場合において、管理が失当であったことによってその財産を危うくしたときは、他の一方は、自らその管理をすることを家庭裁判所に請求することができる。」と規定しているが、これは、旧民法第七九六条第二項とほぼ同趣旨で、ただ、新法で「家庭裁判所」とあるのを旧法では単に「裁判所」と規定していた点に差異が認められるだけである。ところで、旧法の上記規定に基づく財産管理者変更の裁判手続は、一般原則に従い地方裁判所の事物管轄に属する民事訴訟であったはずであり、現行民法第七五二条第二項も、管理者変更請求が家庭裁判所の管轄と規定しているだけで、これを非訟事件手続によらせることにしたとは明記していない。しかし旧家事審判法は、その第九条第一項乙類第二号で管理者変更に関する処分を非訟事件手続の家事審判事項としたのであり、これについては現行家事事件手続法も、その第三九条、別表第一の五八項で旧法の建前を踏襲している。(1)

また民法第八九二条は、「遺留分を有する推定相続人（……）が、被相続人に対して虐待をし、若しくはこれに重大な侮辱を加えたとき、又は推定相続人にその他の著しい非行があったときは、被相続人は、その推定相続人の廃除を家庭裁判所に請求することができる。」としているが、旧民法第九九八条とほぼ同趣旨で、旧法では「その他の著しい非行」が廃除原因になっていなかったのと、新法で「家庭裁判所」とあるのを旧法では単に「裁判所」と規定していた点が違っているだけである。そして、旧法に基づく推定相続人廃除の裁判手続は、もともと人事訴訟手続法旧規定第三三条により地方裁判所の事物管轄に属す人事訴訟であったものであり、現行民法第八九二条も、廃除請求を家庭裁判所の管轄と規定しているだけで、これを非訟事件手続によらせるとはいっていない。しかし旧家事審判法は、その第九条第一項乙類第九号で廃除を非訟事件手続の家事審判事項としたのであり、この点は、現行家事事件手続法第三九条、別表第一の八六項以下でも踏襲されている。(1)

上記のとおり、夫婦財産契約における財産管理者の変更に関する事件、ならびに、推定相続人の廃除に関する事件は、法による規制の態様が近似している。そして双方の事件に共通し、実体法規の内容では旧民法と現行民法との間に構造上の均質性が認められるのであるが、それにもかかわらず前者での手続が訴訟、後者での手続が非訟と取扱いを異にしていることに、はたして合理的根拠を見出すことができるのであろうか。本稿は、まさにこれを中心課題とするものである。ただしわが国では、民法第七五五条ないし第七五八条の夫婦財産契約が締結される例が稀なので、該契約における財産管理者変更の事件を取り上げて論ずる実益はあまりない。(2) 従来裁判例と学説で議論されているのは、もっぱら推定相続人の廃除に関する事件についてであり、本稿もこれに従うが、ここでの所論は、夫婦財産契約における財産管理者変更事件にも通ずるものである。

(1)　本文記載のとおり、夫婦財産契約による財産管理者変更に関する事件と推定相続人の廃除に関する事件は、旧家事審判法下でも現行家事事件手続法下でも家事審判の対象となっている。しかし両事件は、旧法一七条で調停手続の対象でもあったが、家事事件手続法ではその別表第一に組み込まれ、調停が行われる範囲から除外されている。何故そのような改正が行われたのかは、よくわからない。財産管理者変更の事件でも夫婦間の宥和、相続人廃除の事件でも被相続人側の宥恕や相続人側の改心といった事情の有無で、妥当な結論が浮動的のはずであるから、あながち調停が無意味とは思えない。

(2)　夫婦財産契約による財産管理者変更に関する事件については、拙稿・仮差押・仮処分に関する諸問題一六八頁以下で比較的詳しく論じている。

Ⅱ　最高裁判所の判例

1

推定相続人の廃除に関する実体法規の内容は、前述のとおり「遺留分を有する推定相続人に一定の非行の事実があったとき、被相続人がその推定相続人の廃除を裁判所に請求することができる。」というものであり、この点では旧民法と現行民法との間に大差がない。したがって適用する実体法規の面からは、かっての手続が訴訟であったのを非訟に改めた理由を説明することがむずかしい。そこで、推定相続人の廃除に関する裁判を非訟事件手続によらせている旧家事審判法の規定が憲法第三二条、第八二条違反ではないかという懸念は、つとに存在していた。もっとも、この点につき公表されていた文献は多くなく、大方の見解は合憲説であったと想像されるが[1]、違憲説を代表する兼子一の見解（「人事訴訟」家族問題と家族法Ⅶ一八七頁）は、「訴訟にするか非訟事件にするかは、ある程度は立法上の政策とテクニックの問題ともいえる。しかし、実体法規がその要件を明確に定めて、これを規準として私人間の利害の調整、紛争の解決を図ることとしている場合は、終局的には訴訟を認めなければならない。

例えば、現在のように、離婚原因を法定してその場合に限って強制離婚を許すという建前ならば訴訟になるが、当事者の一方的意思表示による離婚を認めて、ただそれを家庭裁判所の許可にかける形を採れば、その許可は非訟事件的裁判になる。しかし、訴訟の審判（対審および判決）は憲法上原則として公開しなければならないのに（憲法八二条）、非訟事件の審理は通常非公開で、しかも簡易な手続で行われ得るから、実質的に訴訟の保障を奪うようになることは、憲法上許されないものといわなければならない。この点で、民法第八九二条が、相続人廃除の要件を規定しているのに、家事審判法がこれを審判事件として取扱っているのは（家審法九条一項乙類九号）、当事者間の実質的利害の対立の点からも懸念があると考えられる。けだし、単に離婚の場合のように裁判所へ訴えるというのと、この場合のように家庭裁判所へ請求するという区別からは、本質的な区別は引出せないからである。」と、問題の所在を的確に示していた。そして最高裁判所昭和四〇年六月三〇日大法廷決定（民集一九巻四号一一一四頁）中の田中二郎裁判官の少数意見は、家事審判法第九条第一項乙類に掲げる多くの事件につき非訟事件性を認め合憲説を採りながら、推定相続人廃除の事件については、「基本的人権の侵害につながる」として違憲説を明確に打ち出したものであった。

2　こうした状況下において、被相続人からの推定相続人廃除審判申立事件につき、特別抗告審の最高裁判所第一小法廷は、昭和五五年七月一〇日決定（裁判集民事一三〇号二〇五頁、判時九八一号六五頁、判タ四二五号七七頁）をもって次のとおり判示し、合憲説を明らかにした。(2)(3)「推定相続人の廃除は、法律上相続人となるべき者につき、被相続人の意思に基づいてその地位を喪失させる制度であるが、民法八九二条は、遺留分を有する推定相続人につき右制度を採用するとともに、廃除の要件及び方法として、右推定相続人に一定の事由が存するときは、被相続人においてその相続人の廃除を家庭裁判所に請求することができる旨を定めている。右規定は、推定相続人の廃除につき、一定の要件のもとに被相続人に対し実体法上の廃除権ないし廃除請求権を付与し、その行使によって廃除の効果を生ぜしめるという方法によらず、被相続人の請求に基づき、家庭裁判所をして、親族共同体内における相続関係上の適正な秩序の維持をはかるという後見的立場から、具体的に右廃除を相当とすべき事由が存するかどうかを審査、判断せしめ、これによって廃除の実現を可能とする方法によることとしたものと解される。それ故、右推定相続人の廃除請求の手続は、訴訟事件ではなく非訟事件たる性質を有するものというべく、家事審判法九条は、右の趣旨を承けて、これを同条所定の審判事件として家事審判法により審判すべきものとしているのである。所論は、前記民法八九二条の規定は被相続人に対し相続人廃除権ないし廃除請求権なる実体法上の権利を付与したものと解すべき旨を主張し、これを理由として右家事審判法九条が廃除請求手続を審判事件として扱うべきものとしたことの違憲をいうものであるが、右論旨は、民法の前記規定に関する独自の解釈を前提とするものであって、既にこの点において理由がなく、採用することができない。」

3　さらに最高裁判所二小法廷は、昭和五九年三月二二日決定（家裁月報三六巻一〇号七九頁、判時一一一二号五一頁）をもって相続人から提出された違憲論を排斥し、次のように説示した。(4)「民法八九二条の規定によれば、推定相続人の廃除請求は、同条の定める要件がある場合に、被相続人から遺留分を有する推定相続人を相手方として家庭裁判所に対してすべきものと定められているが、その趣旨は、右規定に定める要件がある場合に被相続人に実体法上の廃除権ないし廃除請求権を付与し、家庭裁判所を介してこれを行使せしめるものとしたのではなく、形式上右要件に我当する場合であっても、なお家庭裁判所をして被相続人側の宥恕、相続人側の改心等諸般の事情を総合的に考察して廃除することが相当であるかどうかを判断せしめようとしたものであって、このことは、同法八九四条が被相続人に、廃除後何時でも、推定相続人の廃除の取消を家庭裁判所に請求することができるとしていることからも明らかであるから、右推定相続人の廃除請求の手続は純然たる訴訟事件ではないと解するのが相当である（最高裁昭和五四年(ク)第一四九号同五五年七月一〇日第一小法廷決定・裁判集民事一三〇号二〇五頁参照）。したがって、推定相続人廃除の手続を訴訟事件とせず非訟事件として取り扱うとしても、立法の当否の問題にとどまるのであって、違憲の問題が生ずるものとは認められず、それが家事審判法に定める手続で行われるものとされている以上、その裁判は、公開の法廷における対審及び判決によって行わなければならないものではない。………してみれば、裁判所が、本件について所論のように公開の法廷における対審を経ないで審理、裁判したとしても、憲法三一条、八二条に違反するものではない。」

(1)　合憲説を代表する鈴木忠一「非訟事件の裁判の既判力」同表題書五三頁は、「立法者は、現に廃除の手続を家事審判法により非訟事件たらしめてゐるのであるから、われわれは之を尊重すべきで、被相続人は推定相続人に対して実体法上の廃除権を有するものではなく、国家に対して、国家が相続共同体の秩序維持のために、法定の順序から推定相続人を除外する処分の発動を求めるものと解すべく、従って実質上も訴訟事件の性質を失ふに至ったと解すべきであらう。」という。三ケ月章・判例民事訴訟法一七頁も合憲説であるが、些か懐疑的で、家族生活関係の特質や機構的に整備された家庭裁判所の存在を全面に出しているものの、論旨不明確である。

(2)　この決定に対する初期の評釈として、石川明・民商八四巻三号三九七頁、西原諄・判評二六八号二七頁、鈴木正裕「非訟事件と形成の裁判」新・民事訴訟講座(八)二一頁があり、後二者が判旨に批判的で参照に値いする。なお、中川＝泉編・新版注釈民法(二六)[泉久雄]§892 I は判旨賛成、竹下守夫・家裁月報六一巻一号五一頁以下は判旨に批判的で、いずれも詳細である。

(3)　本稿の主題からは少しはずれるが、この決定については、下記の特異な事情を指摘したい。

(1)　本決定は、違憲説にとって非常に不幸な事案でなされている。すなわち、当該事件の抗告人・特別抗告人は、廃除の審判を申し立てた被相続人が死亡したので、その相続財産管理人（民法八九五条一項）に任命され、手続を承継した弁護士であった。それ故、彼が特別抗告で違憲論を展開することは、論理上、自己の被承継人による審判申立てが救済手続方法を誤っていたとの前提の承認につながるわけで、自己矛盾が避けられなかったものである。

(2)　筆者が入手し得た資料によれば、事案の具体的内容は、相互に当初から経済的利害の打算が本位で精神的結びつきが皆無のまま形式的に成立した縁組に基づく養親子間の複雑な紛争で、親族共同体内における適正、健全な秩序維持といったような情緒的背景に配慮することがおよそ無意味な案件であった。それ故、廃除請求を斥けた結論にも多分に疑問の余地があり、家事審判手続（非訟事件手続）によるとしても関係人の法的審尋請求権（§30 Abs.4, §34, §44 FamFG; Stein/Jonas/Leipold,

ZPO 23.Aufl.vor §128 Rdnr.12,13.: 鈴木忠一「非訟事件に於ける正当な手続の保障」非訟・家事事件の研究三〇一頁以下：中野貞一郎「民事裁判と憲法」民事手続の基本問題一三頁以下、同「公正な手続を求める権利」前同書四六頁以下）を侵害せぬよう丁寧な審理が肝要の案件であったと思われる。しかし実際には、具体的事情を詳記することは煩瑣に過ぎるので避けるが、抗告審の審理、裁判は、抗告人の切なる申し出に反し極めて唐突、拙速に行われたものである。

(3) 最高裁がこの事件を小法廷で審理、裁判したのは、裁判所法一〇条一号違反であろう。

(4) この決定が公の判例集に登載されていないのはおかしい。

（4） この決定の評釈として、谷口安平・別冊ジュリスト家族法判例百選五判一三八頁があり、判旨に反対している。

Ⅲ 判旨に対する批判

筆者は、判旨の合憲論に賛成することができない。

1 上述のとおり最高裁昭和五五年七月一〇日決定（昭和五九年三月二二日決定も同旨）は、「民法八九二条は、……推定相続人の廃除につき、一定の要件のもとに被相続人に対し実体法上の廃除権ないし排除請求権を付与し、その行使によって廃除の効果を生ぜしめるという方法によらず、被相続人の請求に基づき、家庭裁判所をして……後見的立場から、具体的に右の廃除を相当とすべき事由が存するかどうかを審査、判断せしめ、これによって廃除の実現を可能とする方法によることとしたものと解される。それ故、右推定相続人の廃除請求の手続は、訴訟事件ではなく非訟事件たる性質を有する」と断じているのであるが、その推論は、Stein/Jonas の民事訴訟法注釈書がかつて採用していた形成権と形成訴訟に関する一般論をそっくり祖述したものとみられ、両者の間に思考の相違が認められない。すなわち、同書第一八版の関係部分（Stein/Jonas/Schönke/Pohle, ZPO 18. Aufl. vor § 253 II 3）の記述は、「実体法がある要件から法律効果を直接に発生させるのでなく、判決の形で表示される裁判所の判定を求めている場合（典型例は Ehegesetz 四一条以下（拙注：離婚訴訟に関する規定））にあっては、第三形態の訴えが成立するのであり、これは、権利を創設しまたは消滅させる裁判官の行為の獲得に向けられたものである。人は、通常これを権利創設の訴え（Rechtsgestaltungsklage）と呼んでいる。ここで裁判官に課せられた任務は、概念的には非訟事件の領域に属するものであり、……。この訴えは、実体上の権利の意味での請求権ではなく当事者間の権利関係を主張しているにすぎない点において、給付の訴えと区別され、訴訟外で発生する効果の確認ではなく訴訟内での効果の実現を目指している点において、確認の訴えと区別されるものである。ここで主張される権利変更の要求は、国家そのものに向けられており、相手方当事者、すなわち他の法律の下流に立つ者に向けられているものではない。このことは、権利保護の要件が私法上の関係で私法の法規に規定されている場合でも変わらない。相手方は、原告の要求に自力で満足をあたえることができず、せいぜいその要求を空白無益なものとなし得るにすぎない。」というものである。同注釈書においてこの説明は、爾後数版にわたり大綱において踏襲されたけれども、「非訟事件」云々の明記は、もはや関係部分に見当たらない（StJ/Schumann/Leipold,19.Aufl.; StJ/Schumann,20.Aufl.）。そして執筆者が交替した最近の版（StJ/Roth,22.Aufl. vor §253 Rdnr.88ff.）では、多数論者の反対説に同調し、形成の訴えが権利変更に向けられた実体法上の請求権に基づくものと明記するに至った。Baumbach の民事訴訟法注釈書も、かつては Stein/Jonas の旧説と同旨であったが、近時の版（Baumbach/Lauterbach/Albers/Hartmann, ZPO 67.Aufl. Grundz §253 Rdnr.10.）では反対説に加担している。要するに推定相続人廃除事件の性質に関しわが最高裁判例が準拠している理論は、既にかつての勢力が失われているのである。

2　民法第八九二条による推定相続人廃除請求と廃除の裁判は、形成の訴え、形成判決の場合と構造上の性質を等しくするから、形成訴訟にかかる一般理論は、前者にも妥当する。そこで、前掲最高裁の説示する論法に従い形成訴訟の典型である離婚の裁判手続を例証に採り上げると、離婚による婚姻関係の解消も当事者の実体法に基づく離婚請求権の行使自体ではなく、裁判所の後見的立場からの審査、判断に基づく形成裁判によらせているから、その裁判が本質的には非訟事件のそれにほかならぬとの結論になると思われ、事実 Stein/Jonas の旧版は、前示引用文においてその旨を明言していた。しかし多数説は、そうした論理を採らず、具体的案件において民法所定の離婚原因に該当する事実があれば、当事者に離婚に向けた実体法上の形成権が肯認されるから、裁判所は、この形成権行使としての原告の訴えを受理すれば、実体法規に照らして具体的事件における離婚原因事実の存否を審査、判断し、結論が積極であれば離婚の形成判決を、結論が消極であれば請求棄却の確認判決をするものと考えている。[1]そもそも裁判所が形成裁判（例えば離婚判決）をすることができる場合については、実体法（例えば民法第七七〇条）が必ずこれを許容するための一定の形成要件（例えば同条第一項各号列挙の離婚原因）を定めているのであって、例外はない。そして、具体的案件においてこの形成要件が充足されている場合、当事者に実体法上の形成権（例えば離婚請求権）が生じているのである。この関係を推定相続人の廃除についていうと、推定相続人に民法第八九二条所定の要件を充足する非行の事実があれば、その相続権剥奪、廃除に向けた実体法上の権利（形成権）が被相続人に生ずるわけであるから、裁判所が被相続人からの廃除申立てを受けると、具体的案件において推定相続人につき同条の規定に所定の要件を充たす非行の事実があったかどうかを審査、判断し、結論が積極であれば相続権剥奪、廃除の形成裁判を、結論が消極であれば請求を斥ける棄却の確認裁判を必ずしなければならない。そもそも裁判所が形成裁判（例えば廃除の裁判）をすることができる場合については、実体法（民法第八九二条）が常に予め一定の要件（同条掲記の非行の事実）を定め、かつ具体的案件でこれが充足されているときに許す旨の規定を設けているのであって、例外はない。それ故、形成裁判（廃除の裁判）によって権利関係の変動（相続権剥奪）が生ずる根源は、裁判官の権利創造権能ではなく、実体法（民法第八九二条）の規定する要件の具備である。裁判官は、この要件が具備していると認めれば申立てにそった形成裁判を、具備していると認めなければ申立てを斥ける確認裁判をしなければならず（muss）、裁量権の行使によりすることができる（kann）というのではない。それ故、形成訴訟、廃除の裁判手続における裁判官の判断内容も、抽象的法規を大前提とし具体的事実を小前提とする三段論法にほかならぬ点において、確認訴訟、給付訴訟におけるそれと全く異ならないのである。推定相続人廃除請求の当否に関する家庭裁判所の判断基準として前掲最高裁昭和五五年七月一〇日決定は、「親族共同体における相続関係上の適正な秩序の維持をはかるという後見的立場」を、昭和五九年三月二二日決定は、民法第八九二条の要件以外に「被相続人側の宥恕、相続人側の改心等諸般の事情」を掲げるが、概念的に不正確な説示である。推定相続人廃除請求の当否に関する家庭裁判所の判断基準は、具体的事実が民法第八九二条所定の非行の要件を充足しているか否か以外ではあり得ず、家庭裁判所の前示のような後見的見地に基づく合目的性（Zweckmässigkeit）の思考は、同条所定の要件充足に関する合法性（Rechtsmässigkeit）の判断の否定に繋がる直接の要因となすべきものではない。形成訴訟、推定相続人廃除裁判手続における裁判官の判断内容も、抽象的法規を大前提とし具体的事実を小前提とする三段論法にほかならず、この点において、確認訟、給付訴訟におけるそれと全く異ならないのである。ここでは非訟事件云々の発想が介入し得る余地が全くないというべきである。

（1）　Hellwig, System des Deutschen Zivilprozeßrechts S.273ff.; Rosenberg, Lehrbuch des deutschen Zivipprozessrechts 8.Aufl. §871 I 2.; Rosenberg/Schwab/Gottwald, Zivilprozessrecht 17.Aufl. §91 Rdnr. 1ff.; Bötticher, Zur Lehre vom Streitgegenstand im Eheprozeß, Festgabe für Rosenberg S.81ff.; Stein/Jonas/Roth, ZPO 22.Aufl.vor §253 Rdnr.88ff.Insb. §103.; Baumbach/Lauterbach/Albers/Hartmann, ZPO 67.Aufl. Grundz §253 Rdnr.10. なお、近年公布、施行された Gesetz über das Verfahren in Familiensachen und in den Angelegenheiten der freiwilligen Gerichtsbarkeit（FamFG）下における離婚の裁判手続は、判決方式を廃止するなど旧制度下のそれを一変させたものであるが、非訟事件手続になったわけではない。

Ⅳ　適正裁判手続の検討

1　筆者は、これまでの考察で、民法第八九二条の推定相続人廃除請求事件が、推定相続人の資格剥奪に向けられた実体私法上の形成権を訴訟物とし、相続人廃除の形成裁判をするか、この請求権の不存在を確認するかをめぐる、本質的には訴訟事件にほかならないことを明らかにしたつもりである。それ故、これを対審、公開の原則の法的保障を欠く非訟事件手続、家事事件手続によらしめるものとした家事事件手続法第三九条、別表第一の八六の項の規定は、憲法第三二条、第八二条に違反し、無効と解しなければならない。該事件の裁判は、現行法上も訴訟手続により判決をもってなすべきであり、その第一審の管轄は、異例であるが民法第八九二条により家庭裁判所に属するものと考えられる。

以上の結論は、それでよいと思うのであるが、推定相続人廃除の適正手続については、なお下記の論議を尽くすべき問題がある。

2　家庭裁判所は、推定相続人の廃除に向けたような実体私法上の権利の存否に関する裁判をするに際し、家事審判の手続に準拠するが、できるだけ民事訴訟に準じ口頭主義や公開の原則を採り入れて審理と裁判を実施することにより、違憲のそしりを免れることができないであろうか。

ドイツにおいては、非訟事件の関係人に対し適用法律が基本法第一〇三条第一項の審尋請求権（Anspruch auf rechtliches Gehör）を無視しまたは制限している場合、より高次の基本法同条項が直接の手続法規として作用するとの学説が有力である。[1] しかし、訴訟事件と非訟事件とは、共に裁判所の所管であっても、管轄、終局裁判の方式、上訴の許否と形式、仮差押え、仮処分の随伴の有無などで手続構造を著しく異にする。立法者は、すべての民事事件を訴訟裁判所と非訟裁判所に配分しているのであって、受訴裁判所や私人が恣意をもってこの配分を変更することは許されない。立法者が訴訟事件としているものは、非訟事件手続によって審理、裁判することができず、また、非訟事件としているものを訴訟手続によって審理、裁判することも許されないのである。[2] 最高裁判所昭和三五年七月六日大法廷決定（民集一四巻九号一六五七頁以下）も、この趣旨を認めた裁判例と解される。もっとも、本来訴訟裁判所の管轄たるべき民事訴訟事件を非訟裁判所（家庭裁判所）が誤って非訟事件手続（家事審判手続）で裁判した場合、裁判権（Gerichtsbarkeit）の侵犯で、その裁判が無効（wirkungslos）になるというのがかつての通説であったが[3]、近時の学説では、ドイツ基本法の認める司法権は単一である（Art.92 GG）などの理由で無効説を否定する傾向にある[4]。日本法の下でも、無効説を採ることができず、ただし問題の裁判は、憲法違反として特別抗告に服するものと解される（非訟事件手続法七五条一項、家事事件手続法九四条一項、前掲最高裁昭和三五年七月六日決定）。

（1）　Baur, Freiwillige Gerichtsbarkeit §19 Ⅲ 1.

（2）　Schlegelberger, Gesetz über die Angelegenheiten der freiwilligen Gerichtsbarkeit 7.Aufl. §1 Rdnr.15., §7 Rdnr.12.; Stein/Jonas/Schumann, ZPO 20.Aufl. Einl Rdnr.457.; 鈴木忠一「非訟事件の裁判の既判力」同表題書一六頁以下。

（3）　Rosenberg, Lehrbuch des deutschen Zivilprozeßrecht 9.Aufl. §13 Ⅲ 2a.; Lent, Freiwillige Gerichtsbarkeit 2.Aufl. §7 Ⅲ, §19 Ⅱ 2.; Schlegelberger,a.a.O. §7 Rdnr.12.; 鈴木忠一「非訟事件に於ける裁判の取消・変更」前掲書七三頁以下。

（4）　Rosenberg/Schwab/Gottwald, Zivilprozessrecht 17.Aufl. §62 Rdnr. 23.; Jauernig, Zivilprozessrecht 30.Aufl. §3 Rdnr.36.

第2編　判例研究

6　権利能力のない社団の不動産に対する仮差押え

本稿は、債権者が権利能力のない社団に対する被保全権利に基づき、当該社団の構成員全員に総有的に帰属し同社団のため第三者を所有登記名義人としていると主張する不動産の仮差押えを求めた案件に関する、最高裁判所平成二三年二月九日第二小法廷決定（民集六五巻二号六六五頁、判時二一〇七号一一二頁以下、判タ一三四三号一〇八頁以下）の論評である。

Ⅰ　事案の概要と判旨

1　債権者Gは、権利能力のない社団Vに対する金銭債権にかかる債務名義に基づき、Nを所有登記名義人としているがVの構成員全員の総有財産にほかならぬと主張する不動産に対する強制執行のため、Nを被告とし、当該債務名義にかかる民事執行法二七条二項、三三条の執行文付与の訴えを提起した。これは、有力な学説(1)に依拠する法的手段であったし、第一、二審は、その正当性を否定しなかったが、ＮをＶの構成員、代表者とは認めがたいという理由で、Ｇの請求を容れなかった。ところが上告審の最高裁判所第三小法廷平成二二年六月二九日判決（民集六四巻四号一二三五頁以下）は、Ｇの上告を棄却したが、理由を差し替え、上記の法的手段が誤りで、別の方法によるべきであるとした。その判示は、次のとおりである。

「権利能力のない社団Ｖを債務者とする金銭債権を表示した債務名義を有する債権者Ｇが、構成員の総有不動産に対して強制執行をしようとする場合において、上記不動産につき、Ｖのために第三者Ｎがその登記名義人とされているときは、Ｇは、強制執行の申立書に、Ｖを債務者とする執行文の付された上記債務名義の正本のほか、上記不動産がＶの構成員全員の総有に属することを確認する旨のＧとＶ及びＮとの間の確定判決その他これに準ずる文書を添付して、Ｖを債務者とする強制執行の申立てをすべきものと解するのが相当であって、法二三条三項の規定を拡張解釈して、上記債務名義につき、Ｎを債務者として上記不動産を執行対象財産とする法二七条二項の執行文の付与を求めることはできないというべきである。(2)」

２　Ｇは、ＶおよびＮを被告として問題の不動産がＶの構成員全員の総有に属することの確認を求める訴訟を提起し、第一審勝訴判決を得たけれども、その判決が未確定のため、上記の最高裁判例理論によっても、直ちに当該不動産に対する強制執行を求めることがむずかしい。そこでGは、Vに対する金銭債権に基づきこの不動産の仮差押命令を申し立て、その申立書に、当該不動産がVの構成員全員の総有に属することを証する文書として、前示確認訴訟で提出した主な書証と同訴訟の未確定勝訴判決書の各写しを添付した。しかし、第一、二審裁判所は、申立書に添付すべき目的不動産がVの構成員全員の総有に属することを証する文書の要件を（前掲最高裁平成二二・六・二九判決の説示を援用しつつ）かなり限定的に解して、Gの仮差押命令申立てを容れなかった。

3　本稿の論評対象は、上記仮差押命令申立事件の許可抗告審最高裁決定である。最高裁は、抗告審決定を破棄し、第一審決定を取り消して、事件を第一審裁判所に差し戻した。その判示理由は、次のとおりである。

「権利能力のない社団Vを債務者とする金銭債権を有する債権者Gが、構成員の総有不動産に対して仮差押えをする場合において、上記不動産につき、Vのために第三者Nがその登記名義人とされているときは、Gは、登記記録の表題部に債務者以外の者が所有者として記録されている不動産に対する仮差押えをする場合（民事保全規則二〇条一号イ）に準じて、仮差押命令の申立書に、上記不動産がVの構成員全員の総有に属する事実を証する書面を添付して、当該社団を債務者とする仮差押命令の申立てをすることができるものと解すべきであり（最高裁平成二二年六月二九日第三小法廷判決参照）、上記書面は、強制執行の場合とは異なり、上記事実を証明するものであれば足り、必ずしも確定判決等であることを要しないと解するのが相当である。なぜなら、Ｇが、Ｖのために Ｎがその登記名義人とされている構成員の総有不動産に対して仮差押えをする場合に、上記不動産に対して強制執行をする場合と同様に、確定判決等を添付することを要すると解すると、上記債権者は、確定判決等を取得するまでは、上記不動産に対して仮差押えをすることができず、上記金銭債権の実現を保全することが著しく困難になる一方、上記不動産に対して仮差押えがされたとしても、上記不動産に対して強制執行がされた場合とは異なり、当該社団の構成員が権利を喪失することも、上記登記名義人が登記を抹消されることもないのであって、これらの者の利益に配慮して、仮差押命令の発令を、上記不動産の権利関係が確定判決等によって証明されたような場合に限ることまでは必要でないからである。

そして、記録によれば、本件申立書に添付された書面は、本件不動産がＶの構成員全員の総有に属する事実を証明するに足るものとみる余地が十分にあるものというべきである。」

（１）　中野貞一郎・民事執行法増補新訂六版一四一頁、伊藤真・民事訴訟の当事者三二頁、新堂幸司・新民事訴訟法四版一四二頁、北川善太郎・民法講要Ｉ民法総則二版九六頁など。

（２）　この最高裁判決の当否は、すこぶる問題であるが、本稿においては私見の詳述を避け、中野貞一郎名誉教授にかかる精密な判旨反対の論稿（判タ一三四一号四一頁以下）を全面的に支持する旨を表明するにとどめる。

Ⅱ 批 評

一 最高裁が本決定において、抗告審決定を破棄し第一審決定を取り消して事件を第一審裁判所に差し戻した結論は、相当だと思うが、その理論構成には賛成することができない。

本件は、仮差押えの裁判手続に属する仮差押命令申立ての当否が問われている事案にほかならないが、これに対する最高裁の判示には、仮差押えの裁判手続とは異質の執行手続に関する判断を不必要に混在させている欠陥がある。(1)

1 仮差押えは、判決手続と強制執行手続との関係に照応し、広義の裁判手続と執行手続とに区別される。(2) 前者は、仮差押命令の発令、これに対する不服申立て、救済等に関する手続で、民事保全法第二章「保全命令に関する手続」（同法施行前の旧民訴法第六編第四章では第七三七条ないし第七四七条）に、後者は、前者の手続によって発せられた仮差押命令を債務名義とする執行に関する手続で、同法第三章「保全執行に関する手続」（旧民訴法第七四七条ないし第七五四条）に規定され、両者の段階的区別が法文上截然としている。しかし、この関係の正しい認識は、旧民事訴訟法時代から一般に徹底しておらず、仮差押命令の申立てが同時、必然的に執行申立てを伴い、両者が一体化しているかのような誤解とこれに基づく実務慣行が横行しており、最高裁判所昭和三二年一月三一日判決（民集一一巻一号一八八頁以下）が両者の峻別を懇切に説示した後も、旧来の俗説に基づく判例違反の実務が稀でなかった。そして、民事保全法が施行され、その第二一条の新設規定が、問題をさらに増幅させたのである。

2　上記民事保全法第二一条は、「仮差押命令は、特定の物について発しなければならない。………。」と規定する。この新設規定の立案者の思考の根底には、前述した旧来の非論理的な実務慣行への執着と、前掲最高裁判例の理論に対する誤解ないし反感が潜在していたと思われ、このことをあからさまに表明した文献もある。(3) しかし、立案者の主観的意図がいかようであったにせよ、同法第二一条は、法文上「保全命令」の項に場所を占めていることからも明らかなとおり、仮差押えの執行とは截然区別される仮差押えの裁判手続の規定にほかならず、執行手続とは無関係である。その裁判手続において裁判所が生成させる債務名義たる仮差押命令は、同条により「特定の物」について発しなければならないが、同規定の趣旨は、仮差押命令においては、その執行力が及ぶ範囲を、債務者の総財産でなく債権者が申立てに際し任意に選択特定した執行予定対象物件（民保規一九条一項本文）に限定して表示すべき旨を定めたものにすぎない。かように仮差押命令中に執行力の及ぶ物的範囲として劃定表示された「特定の物」を対象とする仮差押えの執行手続は、仮差押命令を発した裁判所が保全執行裁判所の資格を兼併する場合でも、同法第二条第一項の保全命令申立てではなく、これとは区別される同条第二項の保全執行申立てにより、同法第四七条、第四八条、第五〇条に準拠して仮差押命令の手続とは別途になされるのであり、同法第二一条の関わる事項では断じてない。(4)(5)債権者が仮差押命令の申立てにあたり任意選択、表示した「特定の物」が適法に執行対象物件となるかどうかは、もっぱらこの執行手続の段階において審理、判断すべき事項なのである。(6)

3　上記の次第で、本件の事案において債権者Gは、権利能力のない社団Vを債務者とする仮差押命令の申立段階にあっては、執行予定物件（「特定の物」）として選択表示した不動産の所有登記名義人が第三者Nになっていても、その目的不動産がVの構成員全員の総有に属する責任財産にほかならぬとの事実を証明する必要がなかったはずである。本最高裁決定がこの手続段階において該事実の証明の成否を論じているのは、この間の理論を看過したものといわねばならない。

たしかに民事保全規則第二〇条第一号は、不動産に対する仮差押命令の申立てにつき同号所定の要件を具備した書面の添付を要求しており、これが本最高裁決定の判示の根拠になっている。しかし、上記のとおり、仮差押えの裁判手続と執行手続の段階的区別が截然としており、債権者が仮差押命令申立てにあたり任意、選択した「特定の物」が適法に執行対象物件となり得るかどうかは、本来は別途執行手続の段階での審理、判断事項にほかならないとすれば、同規則同条が、仮差押命令の申立書につき、目的物の種類ごとに執行の許否の判断を予定したとしか考えられぬ書面の添付を求めていることは、不条理といわねばならない。同条が債権者にこうした書面の添付を求めているのは、強制執行の申立書にかかる民事執行規則第二三条、第七三条など、民事保全法施行前の仮差押執行の申立書にかかる民事執行規則第一五八条、第二三条、第七三条など、同法施行後の不動産仮差押えについても、強制管理の方法による執行申立書にかかる民事保全規則第三二条第一項、民事執行規則第二三条、第七三条などに照応するものである。それ故法の体系上は、仮差押命令申立書ではなく仮差押執行申立書につき定めるべき筋合いであった。(7) 民事保全法第八条の委任に基づく下位規範たる民事保全規則が、同法の定める仮差押えの裁判手続と執行手続の截然たる区別、同法第二一条の「特定の物」の意味内容に矛盾し、仮差押命令申立書につき、目的物の種類ごとにもっぱら執行の許否の判断を予定した書面の添付を要求しているのは、制定者の過誤であり、背理以外の何物でもない。同規則同条の存在理由が認められるのは、仮差押命令を発する裁判所が保全執行裁判所の資格を兼併する場合において、後者が執行の可否を判断する際に準拠すべき要件を定めた点だけである。しかし、裁判所が仮差押えの裁判手続の段階において債務名義たる仮差押命令の発令の可否を定めるに当たっては、同規則同条は、裁判所の判断に対する拘束力を有しないと解するのが正しい。裁判所は、申立書に表示された「特定の物」につき、同条所定の添付書面の内容に適合しているかどうかを審査する必要がなく、むしろそうした審査をすること自体が誤りといわねばならない。仮差押命令申立書に同条所定の書面が添付されていないか、その添付に不備がある場合でも、仮差押命令の申立てを当然に却下すべきではなく、仮差押命令を発した裁判所が保全執行裁判所の資格を兼併している場合において、仮差押命令申立てに併合された執行申立ての不備を招くだけである。

本件の事案において裁判所は、被保全権利と保全の必要性が疎明されていたのであれば、問題の不動産にかかる仮差押命令を発するのに躊躇する必要がなかったはずである。第一、二審裁判所も許可抗告審の最高裁も、全く無用の判断をしたものといわねばならない。

(1) 本文で指摘した異質の手続に関する判断の混入は、本件の第一、二審決定、許可抗告理由書、先行する最高裁平成二二・六・二九判決における田原睦夫裁判官の補足意見にも共通している実務の大勢であるから、本最高裁決定がこれに順応しているのは、いわば当然のなりゆきであったかもしれない。

(2) 以下本文の記述は、おおむね私の旧稿「仮差押命令における目的物の表示」判タ八五九号一四頁以下、拙書「訴訟と非訟の交錯」二〇七頁以下の反覆、抜粋である。

(3) 顕著な例として、園尾隆司「仮差押えの目的物の特定」・民事保全法の理論と実務(上)二三六頁以下。これに対する批判：前注(2)拙稿・判タ八五九号二〇頁以下、「訴訟と非訟の交錯」二一五頁以下。

下。

（4）　仮差押えの裁判手続と執行手続の関係については、実務家の間に今も続く認識不足と誤解を露呈した典型的な裁判例として、（若干の文献で肯定的に引用されている）東京高裁平成三年一一月一八日決定・判時一四四三号六三頁以下がある。同決定は、民事保全法二一条の規定文言を引用した上、「これは、不動産に対する仮差押命令は、保全命令（……）と執行命令とが一体となって発せられることを意味している。」と臆断している。しかし、この保全命令・執行命令一体説が例外なき一般論として成り立ち得ぬ謬論であることは、同法において、不動産の仮差押えについても、(1)仮差押命令申立てとその執行申立ての同時実行が強制されておらず（同法二条一項、二項）、(2)両申立てが同時になされたときでも、仮差押命令の発令から間をおいて執行処分に及ぶことが容認されており（同法一四条一項参照）、(3)強制管理の方法による執行のときは、仮差押命令を発した裁判所と保全執行裁判所とが別異であること（同法四七条五項、民執法四四条）に徴し、疑いを容れない。

（5）　実務が仮差押えの裁判手続と執行手続をしばしば混同している遠因は、私見によれば、立法者がArrestに対して「仮差押」という不適切な訳語を選び、さらには、der mit Arrest zu belegende Gegenstand（§919 ZPO）の訳語に「仮ニ差押フ可キ物」という不思議な文言を充て（民訴法旧七三九条）、これを民保法一二条一項も踏襲していることにある（前注(2)拙稿・判タ八五九号二一頁、「訴訟と非訟の交錯」二二八頁）。そこで、実務で慣用の「不動産仮差押決定」と「不動産仮差押命令申立書」の書式では、「……の不動産を仮に差し押さえる。」といったすこぶる曖昧かつ奇怪な文章表現を用いているが、「仮に差し押さえる」ということで、——多くの実務家が錯覚しているように——仮差押命令を発した裁判所が職権で執行処分に及んでいるのでも、法が独立の執行申立ての省略を許容しているのでもあるまい。むしろこの場合、債権者は、民事保全規則二〇条一項の書面提出などで、仮差押命令の申立てに併せて黙示的に仮差押えの登記をする方法での執行の申立てをしているものと善解する方が合理的であろう（拙書・コンパクト民事保全法九六頁、三一一頁）。ただし、このように上記申立書の伝統的記載方式を肯認したのは、実務に妥協した苦渋の選択といわざるを得ず、民保規一条六号の書面主義に違反している疑いもあるから、仮差押命令申立てとその執行申立てを別個の書面でするか、一通の書面でするときでも、「……不動産の仮差押命令を求める。」「上記不動産につき仮差押えの登記をする方法による執行を求める。」といった表現で両者を明示的に書き分ける実務慣行の確立が望ましい。裁判所も、旧来の慣行から脱却して、仮差押命令書中の本来の債務名義部分には、執行処分とおぼしい文言を混入記載することをやめにしてほしい（後注二(2)；Steinert/Theede, Handbuch der Rechtspraxis, Zivilprozess 8.Aufl. S. 319.a.a.O. S. 316f.; 前注(2)拙稿・判タ八五九号二一頁、訴訟と非訟の交錯二三〇頁以下）。ちなみにドイツ民訴法九三二条の不動産に対する仮差押執行では、債権者が仮差押命令に基づき別途 Amtsgericht の不動産登記官に対して仮差押抵当権の登記記入を申し立てている（Stein/Jonas/Grunsky, ZPO 22.Aufl. §932 Rdnr.6.; Locher/Mes, BecK'sches Prozeßformularbuch 8.Aufl. Ⅲ. E. 3.)。債権仮差押えの申立書と裁判書でも、仮差押命令（Arrestbefehl）と仮差押執行としての差押決定（Pfändungsbeschluss）とははっきり別行にして書き分ける扱いである（Locher/Mes, a.a.O. I R 1.; Steinert/Theede, a.a.O. S. 319.)。

(6)　債権者が仮差押命令の申立てにあたり任意選択した「特定の物」が執行対象物件たり得ぬときの救済は、もっぱら民事保全法四六条で準用される民事執行法一一条の執行異議や同法三八条の第三者異議の訴えに求むべきである（最高裁昭和三二・一・三一判決・民集一一巻一号一八八頁）。園尾隆司・前掲(2)論文二四九頁以下、瀬木比呂志・民事保全法全訂二版一七〇頁、四〇九頁などは、この点が民事保全法の施行後は同法二六条の保全異議の事由を構成することになったと説いているが、もとより誤りである。

(7)　旧制度下の前掲最高裁昭和三二年一月三一日判決の法理に露骨な反意を示した当民事訴訟規則の立案参画者も、同規則二〇条の趣旨を説明するにあたり、「(民事訴訟法旧規定下の）判例多数説の理解によれば、仮差押命令の申立書について、目的物の種類ごとに添付書面を規定することの理論的説明は、困難であった」と認めているが（最高裁事務総局編・条解民事保全規則一二六頁）、そのまさに理論的な説明の困難な事態が、皮肉にも同規則同条の規定の施行で現実のものとなったのである。

二　既述のとおり、本件は、債務名義たる仮差押命令の申立ての当否に関わる案件でありながら、最高裁は、その判示の過程において、本来保全執行裁判所のなすべき判断のいわば先取りをあえてしているのであるが、その論理の帰結は、下記のとおり奇怪で不合理なものである。

1　本決定の判旨に従い、裁判所がVを債務者としNを所有登記名義人とする不動産の仮差押命令申立てを認容するにあたり、その根拠として、当該不動産がVの構成員全員の総有財産にほかならないため、同不動産に対する仮差押執行が可能であることを肯認したとき、その判断は、当該仮差押命令に基づく執行手続をつかさどる保全執行裁判所を拘束する趣旨であろうか。判旨は明言しないけれども、問題の不動産に対する仮差押命令の発令は、申立書に関係事実を証する民事保全規則第二〇条所定の書面添付があれば許されると考え、その根拠に強制執行の案件を扱った最高裁平成二二・六・二九判決を援用し、さらに強制執行の場合との対比において不動産仮差押執行の効果に論及していることに照らすと、積極の拘束説を採用しているとの印象が避けられない。そうすると保全執行裁判所も、上記先行最高裁判決の説示理論に従い、民事執行法第二七条第二項の執行文付与を経由しないで、Nの所有登記名義にかかる不動産に対する仮差押執行を敢行する運びになる。そしてNは、Gの被保全権利には無関係で、仮差押命令申立事件の当事者ではなかったから、同事件では手続関与が認められておらず、自己の所有登記名義にかかる不動産を対象とした仮差押命令が発せられても、これに対して保全異議を申し立てることができなかったのである。そうするとNは、仮差押命令申立事件の全手続過程およびこれに続く保全執行裁判所による仮差押執行の実施までの間、裁判所において自己の権利主張をする機会が全くなかったことになる。(1) 要するに、最高裁が上記の判断拘束説をとっているとすれば、Nの法的審尋請求権行使を至難にしているものといわねばならない。

2　もっとも、前段の所述は、最高裁決定の判旨を上記のように解した場合が前提の仮定論にすぎない。しかし、仮差押執行の手続構造に徴すれば、裁判所がVを債務者とするN所有登記名義の不動産の仮差押命令を発するにあたり、同不動産をVの責任財産と認めてこれに対する仮差押執行が可能であることを肯認したとき、その判断が保全執行裁判所を拘束すると考えるのには、下記のとおり非常に無理があるといわざるを得ない。

(1)　不動産に対する仮差押えの執行を仮差押えの登記をする方法により行う場合、登記嘱託に先行する保全執行裁判所の差押宣言は、法律上必要とされておらず、(2) 裁判所（裁判官）の裁判所書記官に対する登記嘱託施行命令を定めた法規も存しない。裁判所書記官は、私見によれば、仮差押命令を発した裁判所（裁判官）に従属せぬ独立の執行機関であるから、仮差押命令の前提となった判断には拘束されぬ独自の判断で、――仮差押債務者と目的不動産の所有登記名義人が別人の事案にあっては、最高裁平成二二・六・二九判決の見解に従うときは民執法第二七条第二項の執行文なしに、同判決前の通説に従うときは同執行文を付した仮差押命令の正本に基づき、両名の関係を審査し、――登記嘱託の許否を決するのである。[3]

(2)　不動産に対する仮差押えの執行を強制管理の方法で行う場合は、本最高裁決定の思考過程に全く入っていないようであるが、問題点の所在がさらに分り易い。ここでの保全執行裁判所は、目的不動産の所在地を管轄する地方裁判所であって（民保法四七条五項後段、民執法四四条）、仮差押命令を発した裁判所とは異なる。保全執行裁判所は、債権者から執行申立てを受けると、その指定にかかる目的不動産が債務者の責任財産に属するかどうかについては、固有の権限に基づき審査、判断するのであって、仮差押命令を発した裁判所の判断に拘束されるのでは断じてない。この結論は、最高裁を含めいずれの論者も容易に否定し得ないであろう。保全執行裁判所は、――仮差押債務者と目的不動産の所有登記名義人が別人の事案では、最高裁平成二二・六・二九判決の見解に従うときは民執法二七条二項の執行文なしに、同判決前の通説に従うときは同執行文を付した仮差押命令の正本に基づき、――独自に両名の関係を審査して、強制管理の許否を決するのである。そのため、民事保全規則の制定者も、同規則第二〇条において同条の書面を条理に反し執行申立書でなく仮差押命令申立書に添付するものとしながら、ここでは理論に忠実に、債権者に対し、仮差押命令申立書に添付したのと同じ内容の書面を執行申立書に再度添付することを求めているのである(民保規三二条一項本文、民執規二三条、七三条一文)。

以上の次第で、Vを債務者、Nを所有登記名義人とする不動産の仮差押事件において、裁判所が、本最高裁決定の論理に従い、むずかしい証拠判断を経て当該不動産をVの構成員全員の総有財産と認定し、これに対する仮差押命令を発しても、その認定に拘束されぬ保全執行裁判所において、反対の判断に至れば執行の実施を拒否することが認められるとすれば、仮差押命令を発した裁判所の前示判断には、何の存在理由を認めることもできないであろう。

(1)　私は、最高裁平成二二・六・二九判決にも、Nの手続上の権利保護の関係で本文に記載したのと同じ問題点が伏在すると考えている。

(2)　実務では、不動産の仮差押命令の場合、「……の不動産を仮に差し押さえる。」という、仮差押えの裁判手続と執行手続の区別の認識を欠いた奇怪な文言を用いるのが慣例であるが、これは、保全執行裁判所の差押宣言を含むものではなかろう。もし差押宣言をしているつもりであれば、理論上誤りである(前注一(4))。

(3)　拙書・コンパクト民事保全法九六頁。

三　上来の私見を敷衍する意味で、若干の記述を補足する。

1　既述のとおり、最高裁平成二二・六・二九判決前の通説と私見によれば、債権者Ｇが権利能力のない財団Ｖに対する被保全権利に基づく第三者Ｎの所有登記名義にかかる不動産の仮差押命令を得ても、さらにその執行には、当該仮差押命令にＮを執行債務者に予定した民事保全法第四三条第一項ただし書、第四六条、民事執行法第二七条第二項の執行文の付与を受ける必要がある。したがってこの場合、仮差押命令を発する裁判所が保全執行裁判所の資格を兼併するときでも、従来の実務で慣用の、仮差押命令申立てと仮差押執行の申立てとを一通の書面で同時に行なう方式は、間違いではないがすすめられない。Ｇは、まず仮差押命令の申立てだけを行なうのがよい。裁判所は、Ｇに担保を立てさせるのが妥当と考えても、いきなりこれを命ずるのでなく、相当期間内の立担保を仮差押執行の実施の条件として、仮差押命令を発するのを適当とする。Ｇは、それから仮差押命令にＮを執行債務者に予定した執行文の付与を受ける手続に入り、首尾よくこれを得た段階で、仮差押命令に所定の担保を立て、執行を申し立てれば足りる。目的不動産の仮差押執行が不能で仮差押命令が空回りになると思えば、担保を立てなければよいわけである。

2　Ｖを債務者とする仮差押命令に基づくＮの所有登記名義にかかる不動産の仮差押執行のため、当該仮差押命令にＮを執行債務者に予定した特殊執行文の付与を受ける必要があるとしても、多くの案件では、民事執行法第二七条第二項所定の文書を直ちに提出することができず、Nを被告とした同法第三三条の執行文付与の訴えの提起を余儀なくされるであろう。Gは、この訴訟で勝訴の判決を得るまでの間、しばしば当該不動産に対する執行保全の必要に迫られることになる。こうした場合Gは、執行文付与の訴えを本案、Nを債務者として、同不動産の処分禁止の仮処分を求めることができるものと考えたい。

3　仮差押執行の開始前に民事執行法第二七条第二項の執行文付与を経由する必要がある場合において、民事保全法第四三条第二項所定の執行期間の起算日については、直接これに触れた文献が見当たらないけれども、同条項の文言どおりに債権者が保全命令の送達を受けた日と認めれば、しばしば執行不能に陥るから、保全命令に「執行文の付与を受けた日」と解することを提案したい。これに関連しては、有力な学説が、保全異議についての裁判で保全命令が認可されたときは、その裁判が債権者に送達された日から、無担保の保全命令が担保供与を条件に認可されたときも、その裁判が債権者に送達された日から、新規に執行期間が進行すると解していることが参考になると考える。(1)

4　Gが権利能力のない財団Vに対する被保全権利に基づき第三者Nの所有登記名義にかかる不動産の仮差押執行のため、仮差押命令にNを執行債務者に予定した民事執行法第二七条第二項の執行文の付与を受ける必要があるとすれば、その手続の過程でGは、当該不動産がVの構成員全員の総有財産にほかならぬことを証明しなければならない。本件の最高裁決定は、私見と異なり、この事実を証明すべき場を仮差押命令申立手続の過程に求めているけれども、そこで想定されている事実認定は、実質上執行手続での判断の先取りであるから、疎明でなく証明によるべきものとしている点は、その限りにおいて是認することができる。しかし、その証明の程度について説示している内容には問題がある。すなわち本決定は、上記の事実を証明するのに必要な仮差押命令申立書添付書面につき、先行の強制執行の案件にかかる最高裁平成二二・六・二九判決を援用しつつ、「上記書面は、強制執行の場合と異なり、上記事実を証明するものであれば足り、必ずしも確定判決等であることを要しない」と説示しているのである。部外者の私には、この説示が関係書面の証拠価値につき具体的に妥当な結論を示したものかどうかを論ずる資格はない。しかし、抽象論として、事実認定の対象が同一であっても強制執行の場合と仮差押えの場合とでは、何故証明に必要な文書の方式厳格度などが違ってもよいのであろうか。判旨は、最高裁が最も力説しているところであり、仮差押えの場合に求められる迅速性と執行の効果の暫定性を強調するもので、高度の実務的感覚にそう説示である。(2) しかし、迅速性の要請は、仮差押えの裁判手続の問題として論ずれば十分であろうし、執行の効果の暫定性の点も、仮差押執行は、同一性を保ちつつ本執行に転移し得るものであり、(3) ことに強制管理の方法で執行が実施されるときは、その間に債務者の収益が大きく阻害され、債権者の満足に極めて接近することを考えると、決定的な論拠とするに不十分と思われる。それよりも、ある事実が証明されたというために必要な要件が、その証明の求められる手続が何かによって異なり得るという一般論は、かつて接したことがなく、にわかに賛同することができない。

（1）　Grunsky, ZZP 104 Bd. S.1ff.; Stein/Jonas/Grunsky, ZPO 22. Aufl. §929 Rdnr.4,5.; MünchKomm-ZPO/Drescher 3.Aufl. §929 Rdnr.6.; Gaul/Schilken/ Becker-Eberhard, Zwangsvollstreckungsrecht 12. Aufl. §78 Rdnr.2.; 宮崎富哉＝中野貞一郎編・仮差押・仮処分の基礎〔松浦馨〕二八三頁以下。私の憶測であるが、学説が執行文付与を要する場合に言及しないのは、わが民保法四三条二項に相当するドイツ民訴法九二九条二項所定の執行期間が一か月と比較的長期で、議論の実益が乏しいからかもしれない。

（2）　判示に好意的な評釈として、菱田雄郷・判例評論六三四号二一一頁以下。

（3）　拙書・コンパクト民事保全法一〇四頁。

7　家事審判に基づく強制執行と請求異議の訴え

1　本稿は、婚姻費用の分担、扶養、遺産の分割などの家事審判に基づく強制執行（家事事件手続法七五条）に関し、請求異議の訴え（民事執行法三五条）において債務名義表示の請求権の存在、内容を争い執行力の排除を求めることの可否を論ずるものである。

材料として、標記の法律問題に関し恰好の資料を提供している東京高等裁判所昭和五八年九月二八日判決（判例時報一〇九五号一一二頁、判例タイムズ五一五号一七二頁）を採り上げる。事案は、喧嘩により別居状態となった夫婦間の婚姻費用の分担につきなされた、「M（夫）は、F（妻）に対し、婚姻費用の分担金として、⑴金三七二万円を直ちに、⑵…年…月…日から別居の期間中（……）毎月金五万円を毎月末日限り持参又は送金して支払え。」との家事審判を債務名義とする強制執行についてMから提起された請求異議の訴えにかかるもので、控訴審の上記東京高裁判決は、次のように判示している。

「家事審判法九条一項乙類三号（現行家事事件手続法三九条、別表第二の二項）の）審判は民法七六〇条を承けて、婚姻から生ずる費用の分担額を具体的に形成し、その給付を命ずる裁判であって、家庭裁判所は夫婦の資産、収入その他一切の事情を考慮して、後見的立場から、合目的の見地に立って、裁量権を行使して、その具体的分担額を決定するもので、その性質は非訟事件の裁判であり純然たる訴訟事件のそれではないというべきである。本来婚姻費用の分担義務は、民法上の実体的義務であるから、この分担義務が夫婦のいずれに存するかを確定し、その負担額の給付を命ずる裁判は、別段の規定がなければ、事件全体について、民事訴訟事件として公開の法廷における対審及び判決によりなされるのが本則である。ところが現行法上は、家事審判法九条一項乙類三号により右費用の分担は家事審判により決すべきものと規定されているのであるから、右審判において、夫婦のいずれか一方に婚姻費用の分担義務が存在するとされたからといって、それにより右義務が終局的に確定されるのではなく、同審判はただ右義務が実体上存在することを前提として、その分担額のみを形成決定し、その支払を命ずるにすぎないものと解するのが相当である。しかも、同審判は形成的効力を有するが、既判力を生ずるものではないと解すべきであるから、その確定後はもはやその形成的効力を争うことは許されないが、婚姻費用分担義務の存否に関しては、これに争いがある限り、その点について別に訴訟による解決の途が残されているものと解すべきである。そして、右審判………の執行力の排除を求めるために請求異議の訴を提起することができ、この場合における異議の事由については、同審判が既判力を有するものでない以上その確定の前後を問わず、婚姻費用分担義務の存否に関する異議の事由を主張できるものと解するのが相当である。ただ、婚姻費用分担義務の存在を前提とし、その分担の範囲、数額のみについての異議事由は、右審判の確定時（……）以後に生じたものに限られると解するのが、右審判の前記した性質効力に鑑み相当である（……）。」

同判決は、上記の考え方に従い、夫婦間の軋轢の経緯、その間における当事者双方の言動などにつき詳細な事実認定を遂げた上で、やはり審判で認められたとおりMの側からFに対し婚姻費用分担を負うべきであり、Fの分担請求が権利の濫用にもあたらないから、費用分担義務不存在の請求異議事由が認められないと判断し、Mを敗訴させたものである。

この判決に対しては、既に若干の評釈が公けにされており（畑郁夫・季刊実務民事法六―一二二頁、石川明・判例評論三〇四号三五頁、小瀬保郎〔沼辺＝久貴編〕、家事審判事件の研究(1)七〇頁、浦野雄幸・NBL三二七号―一〇頁）、いずれも判旨に好意的である。そして私も、先年簡単な評釈を記述しているが（「訴訟と非訟」中野古稀祝賀(上)一一〇頁＝拙書・訴訟と非訟の交錯三一頁）、その内容は、諸家とは異なり判旨反対を表明したものであり、大綱において変更の必要を見ないけれども、細部には意に満たぬ箇所が散見されるので、説明を補充、訂正するため改稿を試みる。

2　上記東京高裁判決の結論は正しいと思うが、その理論構成には到底賛成しかねる点が多い。

(1)　同判決に先行する**最高裁判所昭和四〇年六月三〇日大法廷決定**（民集一九巻四号一一一四頁）中の多数意見は、「婚姻費用の分担に関する審判は、夫婦の一方が婚姻から生ずる費用を負担すべき義務があることを前提として、その分担額を形成決定するものであるが、右審判はその前提たる費用負担義務の存否を終局的に確定する趣旨のものではない。これを終局的に確定することは正に純然たる訴訟事件であって、憲法八二条による公開法廷における対審及び判決によって裁判されるべきものである。」と説示しており、さらに三裁判官（横田(喜)、入江、奥野）の補足意見は、「婚姻費用の負担義務自体が、夫婦の何れの一方に存するかについて争いがあり、これを終局的に確定するには、必ず訴訟手続によって裁判すべきものと解する。」としている。本東京高裁判決は、上記先行最高裁大法廷決定の説示に過度に拘束された結果、審判に基づく強制執行にかかる請求異議訴訟において、夫婦のいずれが費用分担義務者であるかの点の再審査、判断に精力を注いだものである。

しかし、上記最高裁大法廷決定においても、七人の裁判官の少数意見は、夫婦関係が存続する限り婚姻費用分担義務自体の存否が問題となる場合はあり得ないから、これについて提起された訴えは不適法とするもので、私は、むしろこの意見の方に共感を覚える。わが国においては、法定財産制と異なる内容の夫婦財産契約が締結される例は稀であって、夫婦関係が存続し、かつ別段の夫婦財産契約が締結されていないと、民法七六〇条に従い、夫婦間には、双方の資産、収入その他もろもろの事情による個別差を伴うが、例外なく相互間になんらかの婚姻費用の分担関係が成立することを認めなければならない。そして家事審判は、この種々の態様が想定される費用分担関係につき具体的内容の全般を形成するものであって、上記三裁判官の補足意見が、「非訟事件として、決定をもって裁判し得るのは、右婚姻費用の分担額の形成決定に止まる」としているのは、狭きに過ぎ誤りである。例えば、費用の分担を夫婦のいずれに配分するかの判定も、費用分担関係の具体的内容形成の一環をなすものにほかならない。それ故、夫婦の一方が婚姻費用分担の審判を申し立てたところ、家庭裁判所が相手方には費用を分担させるべきでないと判断したとき、申立人が分担請求権を有しないという理由で申立てを却下するのが実務の大勢かと思うが、申立人が有している抽象的な分担請求権にゼロの具体的内容を付与する意味での形成裁判をするのが正しい（同旨＝上記大法廷決定における田中裁判官の少数意見）。また、前掲大法廷決定の多数意見は、婚姻費用の分担が問題となるのは、夫婦の共同生活が分裂しているときに限られると錯覚しているためか、費用分担義務者を択一的に夫婦のいずれか一方と限定すべきものと硬直に考えているらしいが、共同生活が維持されまたは分裂している夫婦間において、例えば双方に婚姻費用の割合分担を命じたり、費用支出の目的や時期ごとに別の分担配偶者を指定することも、家庭裁判所の裁量事項に属するはずである。そうすると、婚姻費用分担の家事審判には既判力が伴わないとしても、これに基づく強制執行に関する請求異議訴訟において、ひたすら夫婦のいずれが費用分担義務者たるべきかに焦点を当てて審理をすることは誤りであるし、さらに遡ると、審判が命じた費用分担関係の当否を訴訟裁判所が事後的に再審査すること自体に行き過ぎがあるといわねばならない。

(2)　以上に述べたところは、決して婚姻費用分担事件の審判と関連の請求異議訴訟に特有の事情ではない。例えば、ひとしく非訟事件の裁判である離婚に伴う財産分与に関する処分（民法七六八条二項、七四五条、七七一条、家事事件手続法別表第二の四項、人事訴訟法三二条一項）や遺産の分割の審判（民法九〇七条二項、家事事件手続法別表第二の一二項）に給付命令（家事事件手続法一五四条二項四号、一九六条、人事訴訟法三二条一項）が付されると債務名義となるが（家事事件手続法七五条）、そこに表示されている請求権の態様は、周知のとおり具体的事件の個性と裁判所の裁量に従いはなはだ雑多であり、極めて仔細、複雑なものも少なくない。そして、こうした非訟事件の裁判には既判力が伴わない。そこで、前掲東京高裁判決の論法は曖昧で判旨の射程距離を理解するのに苦しむが、私の誤解でなければ、上記各種の家事審判を債務名義とする強制執行に関し、そもそも原告が離婚の有責者ではないとか、分割審判の前提をなす遺産の認定範囲に誤りがあるといった事情も請求異議の事由になるという、非常識な結論にも通ずるように思われる。

(3)　そもそも訴訟裁判所と非訟裁判所とは、互いに裁判の対象事項を異にして事件を分掌しているのであり（Stein/Jonas/Schumann, ZPO 20.Aufl.Einl Rdnr.457.; Schlegelberger, FGG 7.Aufl. §1 Rdnr.15.;

Keidel/Sternal, FamFG 16.Aufl. §1 Rdnr.46,47.; Jansen, FGG 2.Aufl. §1 Rdnr.85.; Baur, Freiwillige Gerichtsbarkeit §2B Ⅲ 5.; Bärmann,Freiwillige Gerichtsbarkeit §6 Ⅱ 1,2.）一方が他方のした裁判の内容を審査し、変更する権能を有しない。そして非訟事件の形成裁判が確定したとき、その形成の効果が訴訟裁判所を含む他のすべての国家機関を拘束することは、権威のある学説が一致して認めている法理である（Schlegelberger, a.a.O. §16 Rdnr.10.; Keidel/Sternal, a.a.O. §1 Rdnr.72f.; Baur, a.a.O. §2B Ⅵ 3b.; Lent, Freiwillige Gerichtsbarkeit 2.Aufl. §20 Ⅰ.; Habscheid, Freiwillige Gerichtsbarkeit 7.Aufl. §29 Ⅱ.; Rosenberg/Schwab/Gottwald, Zivilprozessrecht 17.Aufl. §11 Rdnr.17.; Pikart/Henn, Lehrbuch der Freiwilligen Gerichtsbarkeit S.105.）。非訟事件の裁判である家事審判の確定によって形成された婚姻費用分担請求権や扶養請求権、財産分与請求権の具体的内容は、それが不当であれば（当該請求権の成立自体が実体法上の理由で否定される場合も含む。）稀に当事者の合意または事後の審判（家事事件手続法七八条、一〇三条、§48 FamFG）によって変更が認められることはあるが、その変更までは訴訟裁判所その他の国家機関に対する拘束力を断じて失うものでない。前掲東京高裁判決とこれを支持する諸家は、上記の理を忘れ、非訟事件の裁判に既判力がないことから、請求異議訴訟の受訴裁判所が、債務名義たる家事審判の形成に至る判断の当否を再審査し得るとの錯覚に陥ったものといわねばならない。

(4)　上述の私見は、各種非訟事件の裁判に基づく強制執行に関し請求異議訴訟が親しまぬとの一般論を採るものではない。各種の家事審判や人事訴訟の判決における附帯処分に給付命令（家事事件手続法一五四条二項四号、一九六条、二八四条二項、人事訴訟法三二条二項、三項）が付されると債務名義となるから（家事事件手続法七五条）、これに基づく強制執行につき請求異議訴訟が許されるのは当然である。ただしこれらの給付命令は、基本となる非訟事件の形成裁判の必要的構成部分ではなく、その形成の結果に基づき便宜付加された附随処分にすぎない。前掲東京高裁判決の取扱事件で問題となった家事審判は、先に引用したとおり「Mは、Fに対し、婚姻費用の分担金として、……を……支払え。」との（私見によれば）拙劣、不明確な主文表現を採用しているが、婚姻費用分担請求権に具体的内容を付加した形成裁判とその形成の結果に従った附随の給付命令（旧家事審判規則五一条、四九条）とが合体したものである（実務ではあまり例を見ないが、合理的な主文の書式は、「(1)MF間の婚姻費用分担の内容を……と定める。(2)Mは、Fに対し……を支払え。」というものであろう。費用の分担が夫婦同居中の子供の授業料や家賃の支払いなど第三者への給付を含んでいたり、審判前に夫婦間で担当金の一部が弁済されている場合もあるから、(1)に記載の金額と(2)に記載のそれとが一致するとは限らない）。これらの給付命令は、対審、公開の訴訟手続を経由したものでなく、もとより既判力を有しない。そして上記東京高裁判決は、婚姻費用分担の家事審判につき既判力を否定しながら、「その分担の範囲、数額のみについての異議事由は、右審判の確定時以後に生じたものに限られる」と説示するが、債務名義とその既判力の相互関係についてあまねく認められている民事執行法三五条二項の意味内容から逸脱し、なんらの合理的根拠も示すことなく強制執行法の基本原理に背馳する判示、宣明をあえてしたもので、誤りである。該審判の執行力の排除を求める請求異議の訴えにおいて、審判の基本をなす婚姻費用分担請求権の具体的内容形成の当否を云々し得ぬことは、前述のとおりであるが、その形成の結果と内容を前提として承認しながら附随の給付命令に表示の請求権につき弁済、免除、相殺、期限の猶予等の異議事由を主張することは、給付命令に既判力が伴わない以上、断じて同法条項所定の時的制限に服するものでないというべきである。

8 認知されていない非嫡出子が提起した父子関係存在確認の訴えの適否

本稿は、標記に関してなされた最高裁判所平成二年七月一九日第一小法廷判決・判例時報一三六〇号一一五頁以下を採り上げ、その評釈と関連の諸問題にかかる私見を述べるものである。筆者は、二〇年前にもこの判決の評釈を公けにしており（姫路法学一三号（一九九三年）一四五頁以下）、その基本的立場は、今でもおおむね維持すべきものと考えている。しかし旧稿を読み返すと、分析、推論、参考文献の検討などに不備があって論理構成や結論の変更が必要な箇所も見当たり（ことに末尾5）、また旧稿執筆後の時日経過による当然の結果ながら、記述が関係法規の変転に対応しておらず、引用文献の選択表示も少々陳腐になっているため、改稿を試みた次第である。

Ⅰ　事案の概要と判旨

K（原告・上告人）は、昭和二〇年六月五日、A・B間の三女として出生届がなされ、同年八月二五日、Cの養女としてその戸籍に入ったが、真実は、養母Cとその婚姻外の男D（昭和三四年一月二日死亡）との間に生まれた非嫡出子であると主張し、すでにKとA・Bとの間では親子関係不存在確認審判を得ているが、さらに、Dに対する認知の訴えの提起期間（民法七八七条ただし書によりD死亡の三年後まで）が経過した後に、検察官を被告としてKが亡Dの子であることの確認の訴えを提起したのが、本件の事案である（以上、判例登載誌の事案紹介記事による）。

第一審裁判所は、訴えを不適法として却下する判決を言い渡したので、Kは、控訴を申し立てたが、控訴審裁判所も、「Kは、C・D間に生まれた非嫡出子であるが、Dの認知を受けていない」という事実を確定した上、「非嫡出子については認知によって初めて法律上の父子関係が発生するものと解すべきであるから、本件訴えは、自然血縁的親子関係という事実の確認を求める訴えとして不適法なものといわざるをえない。また、認知の訴えの提起期間が経過した後に父子関係存在確認の訴えを提起することを認めるときは、身分関係に伴う法的安定性が害されることを避けるために設けられた民法七八七条ただし書の趣旨を没却することになるから、この点からも本件訴えを許容することはできない。したがって、本件訴えは不適法であり、そしてその欠陥は補正することができない。」と判示し、控訴を棄却した。

Kは、上告を提起した。上告理由は、ほとんど反論を要しない独自の見解を除外すると、その要旨は、「非嫡出子にかかる父子関係も、母子関係とひとしく認知をまたずに成立するものと認めるのが相当であり、当該父子関係存在確認の訴えは、認知の訴えにかかる民法七八七条ただし書の提起期間の制限を受けるものでない。」というに尽きる。

上告審最高裁の判決は、本稿の論評対象であるが、裁判官全員（大内恒夫、角田禮次郎、四ツ谷巖、大堀誠一、橋本四郎平）一致の意見で上告を棄却した。その判旨内容は、「嫡出子でない子と父との間の法律上の親子関係は、認知によってはじめて発生するものであるから、嫡出でない子は、認知によらないで父との間の親子関係の存在確認の訴えを提起することができない。」というのである。これと同旨の原審の判断は、正当として是認することができ、原判決に所論の違法はない。

Ⅱ　評　釈

1　まず、本件の事案にあっては、非嫡出子のKがすでに死亡したDとの間の父子関係存在確認の訴えを検察官を被告として提起し、この訴訟が上告審まで追行されていることに触れたい。これは、最高裁判所昭和四五年七月一五日大法廷判決・民集二四巻七号八六一頁が、従来の判例を変更し、「父母の両者または子のいずれか一方が死亡した後でも、……（人事訴訟手続法二条三条等を類推し、）……生存する一方において死亡した一方との間の親子関係の存否確認の訴を提起し、これを追行することができ、この場合における相手方は検察官とすべきものと解するのが相当である。」と判示したことに準拠したものである。この説示は、裁判官一一人の多数意見によるものであるが、四人の裁判官の少数意見は、従前の判例どおり、親または子の一方または双方が死亡した後の過去の法律関係に化した親子関係の確認の訴えを不適法とするもので、評者は、むしろこの少数意見に賛成である。しかしこの大法廷判決の後に施行された現行人事訴訟法の一二条は、同判決の判旨結論を追認するような形で、親子の一方が死亡した後でも、生存当事者から検察官を被告にして親子関係存否確認の訴えを適法に提起することができるものとしけれどもている趣旨に解される。したがって、現時点ではこの種の訴えにつき適否の論議を尽くす意味はあまりない。よって以下本稿の判例評釈においては、純理には反するけれども便宜に従い、上記不適法説の私見を封印して記述を進めることとする。

2　本最高裁判決が、認知されていない子とその血縁上の父と主張する者との間の親子関係の成立、存在を否定したのは、正当である。

「母とその非嫡出子との間の親子関係は、原則として、母の認知を俟たず、分娩の事実によって当然に生ずると解するのが相当である」（最高裁昭和三七年四月二七日判決・民集一六巻七号一二四七頁）のと異なり、父と非嫡出子との間の親子関係は、もっぱら認知（強制認知を含む）によって創設されるのである。このことは、ことに昭和一七年の民法改正により父の死後も認知の訴えの提起が許されることになってより明白になった。それで、認知の訴えは形成の訴えであると解するのが現下の確立した判例であり（最高裁昭和二九年四月三〇日判決・民集八巻四号八六一頁）、これは、学説によってもあまねく支持されており（我妻・親族法二三四頁、二四六頁、小山「認知請求訴訟における諸問題」民商四四巻一号三五頁、兼子「親子関係の確認」民事法研究一巻三四九頁）、正しい理論であると信ずる。

ちなみにドイツでは、二〇〇八年家事、非訟事件手続法（Gesetz über das Verfahren in Familiensachen und in den Angelegenheiten der freiwilligen Gerichtsbarkeit《FamFG》）の施行後は親子関係の存否確定の裁判手続が同法の決定手続に編入されているのであるが（§169 Nr.1 FamFG）、その積極的存在確定裁判の性質については、形成裁判説（Schlosser, Gestaltungsklagen und Gestaltungsurteile S.56.; Brüggemann, FamRZ 1969 S.122.; Stein/Jonas/Schlosser, ZPO 21.Aufl. §640 Rdnr.9.; MünchKomm/Coester-Waltjen, ZPO 2.Aufl. §640 Rdnr.19.）と確認裁判説（Staudinger/Göppinger, BGB 12.Aufl. §1600n Rdnr.7.; Rosenberg/Schwab/Gottwald, Zivilprozessrecht 17.Aufl.§170 Rdnr.23.; Thomas/Putzo/Hüßtege, ZPO 34.Aufl. §169 FamFG Rdnr.2.）とが拮抗しており、いずれが優勢であるかは断じ難い。それというのもドイツ法では、「認知請求」の明示を伴った条規が見当たらず、非嫡出子と父との間の親子関係存否確定の手続と裁判は、おしなべて「確認（Feststellung）」の文言を用いた法条の規制対象となっているのである（§1600d Abs.1 BGB, §169 Nr.1.FamFG）。ただし非嫡出父子関係の存在の法的効果は、法規が例外を定めていない限り、上記の「確認」裁判が確定する前には主張し得ないことになっており（§1600d Abs. 4 BGB）、この点は形成裁判説に有利な事情であるけれども、その裁判

手続の係属中には、血縁上の父から非嫡出子または生母への扶養料支払いを命ずる仮の処分(einstweilige Anordnung)を申し立てることが認められており(§248 FamFG)、これが確認裁判説の論拠に援用されている。筆者は、上記ドイツ法上の議論につきさらに立ち入る能力を有しないが、上記のとおり関係領域にかかる日独両法の規定の間には微妙な相違が認められるので、かの地での理論をそのまま日本法の理解に採用することには少なからぬ疑問があると思われる。

いずれにせよわが法制の下では、認知による形成の効果が生ずる以前に非嫡出子が父との間の親子関係の存在の確認を求めても、これを認容し得る余地がないと理解され、本判決は、これと同旨を説示している限りにおいて正当というべきである。

3　しかしながら、本上告審最高裁判決が本件の事案において非嫡出子たる原告が提起した親子関係存在確認の訴えを「不適法」と断じているのは、誤りであると信ずる。

同判決説示中の、「嫡出でない子は、認知によらないで父との間の親子関係の存在確認の訴えを提起することができない。」との文章表現は、同一または類似系列の事案にかかる他の裁判例や文献でも、大同小異のものが慣用的に用いられているけれども、その場合の訴えが不適法であるというのか、それとも原告の請求が理由がないことに帰着するというのかは、文言上必ずしも明らかでない。筆者は、こうした曖昧な慣用的表現がしばしば裁判例や論説を誤った方向に導いているのではないかと憶測しているが、本判決もその例に漏れないものと考える。判旨は、訴えの不適法たる所以を直接には明示していないが、第一審の訴訟判決を相当として是認した控訴審判決の説示によれば、「非嫡出子については認知によって初めて法律上の父子関係が発生するものと解すべきであるから、本件訴えは、自然血縁的親子関係という事実の確認を求める訴えとして不適法なものといわざるをえない。」というのである。こうした考え方は、かなり一般的らしいが（大阪高裁昭和四八年九月二八日判決・高民集二六巻三号三三二頁が同旨であり、本判決の登載紙のコメントも判旨を当然の理として肯定している。）、賛成することができない。私見によれば、本件におけるKの訴えが「単なる自然血縁的親子関係という事実の確認」を求めたものであるというのは、Kの申立に対する裁判所の恣意的な曲解である。上告理由を素直に読む限り、Kは、非嫡出子と父との間に控訴審判決にいう自然血縁的親子関係があれば、認知を経ていなくても、扶養、相続その他で諸般の効果を伴う法律上の親子関係が成立しているとの見解を前提として、まさにその法律上の親子関係が存在することの確認を求めていたものと理解せざるを得ない。そもそも原告が訴えにおいていかなる請求を掲げているかを認識、確定することは、訴訟行為の解釈の問題であるから、訴状等に記載されている請求の趣旨、原因では訴訟物の認識、把握が困難であったり、文言を形式的に読むと原告の不本意とする訴え却下を招きかけぬ場合にあっては、裁判所において然るべき釈明権を行使すべきであろう。しかし少なくとも本件におけるKの請求の意味内容は、さきに述べたとおり明瞭であり、Kが法律上の親子関係の確認を求めていたのか単なる自然血縁的親子関係の確認を求めていたのかにつき、釈明を求める必要があったとは思えない。そして、かりに原告が訴状等で表示している法律上の見解や事実の認識に誤りがあった場合でも、裁判所の正当と考える判断を規準とし、原告の明示的趣意や客観的に推認される意向を捻じ曲げて訴えの不適法を招くように請求の意味内容を認識、確定することは、許されぬはずであり、そのような訴訟行為の解釈の方法を是認する説があることは、寡聞にして知らない。それ故、例えば所有権確認訴訟において原告が表示した裁判における三段論法の小前提をなす事実の認識に誤りがあり、被告による目的物譲受けの事実が証明された場合、原告の訴えが過去における所有権帰属の事実確認を求めているものと解し、これを不適法として却下するのは誤りで、正しくはもとより請求の棄却でなければならない。本件の事案における原告の請求は、三段論法の大前提をなす法規の内容を正しく解釈せず、認知による形成の効果が発生する前にも非嫡出父子関係が成立するとの誤った前提に立脚したものであるが、その訴えについては訴訟要件欠缺その他これを不適法と断ずべき事由が見当たらず、ただ有理性（Schlüssigkeit）を欠くから、事実関係につき証拠調べの必要もなく、請求を失当として棄却すべきであったにすぎない

（兼子「親子関係の確認」民事法研究一巻三五三頁）。

ちなみに、本件の事案、論題に近似し、民法七七二条による嫡出推定が働く案件において嫡出否認の訴え（同法七七五条）によることなく提起した父子関係不存在確認の訴えが適法かという問

題がある。本判決の数年後になされた最高裁判所平成一〇年八月三一日第二小法廷判決（判例時報一六五五頁）は、この場合の訴えも不適法であることを当然の前提とした裁判例であるが（大阪高裁昭和五一年九月二一日判決・判例時報八四七号六一頁も同じ。）、私見によれば、訴えが不適法なのではなく、嫡出否認の形成の効果が発生していないため父子関係の存在を否定することができず、請求が理由がないことに帰着するのである（兼子・前掲論文同頁）。

4　本判決によって支持された控訴審判決は、「認知の訴えの提起期間が経過した後に父子関係存在確認の訴えを提起することを認めるときは、身分関係に伴う法的安定性が害されることを避けるために設けられた民法七八七条ただし書の趣旨を没却することになるから、この点からも本件訴えを許容することはできない。」と説示しているが、当たらない。一般に確認の訴えが厳格な提起期間の制約を受けぬことは、事柄の性質上当然であり、ことに身分関係の存否確認の訴えにこの制約を課することは、むしろしばしば有害ですらあり得る。以上に述べたところに対しては、民法七八七条ただし書所定の認知の訴えの提起期間が経過した後に提起された非嫡出父子関係存在確認の訴えについても、例外を認めねばならぬいわれはない。この訴えを適法と認めても、その請求は、前述のとおり有理性を欠くものとして早々に棄却を免れぬものであるから、判旨の懸念する身分関係の法的安定性が害されることにはならないであろう。

５　以上の次第で、本件の事案においてＫの訴えを不適法として却下した第一審判決、ならびに、これを是認して控訴を棄却し控訴審判決は、いずれも失当であるが、Ｋの請求そのものは、理由がなかったわけである。こうした場合に、上告審裁判所はいかなる形の判決をするのが正当であろうか。この点に関しては従来の判例、学説が錯綜、対立しているが（これについては、後藤勇「訴却下の訴訟判決を不当とした場合の控訴審の措置」判タ四二七号二一頁以下が豊富な判例、学説を引用した有益な文献であり、本稿を補充するものとして参照されたい）、私見による結論を示すと、上告裁判所は、旧民事訴訟法四〇八条一号（現行民訴法三二六条一号）により控訴審判決を破棄して自判すべく、その自判の内容は、控訴裁判所がなすべかりし裁判のそれにほかならないから（Stein/Jonas/Jacobs, ZPO 22.Aufl. §563 Rdnr.24.）、第一審判決を取り消した上Ｋの請求を棄却すべきものであった。

(1)　かつての判例には、本件のような案件において、旧民事訴訟法三八五条、三九六条（現行民訴法三〇三条、三〇四条、§525 S.2 ZPO）の規定するいわゆる不利益変更の禁止（Verbot der reformatio in peius）が問題となるとし、上告裁判所が第二審の控訴棄却を破棄し第一審の訴え却下判決を取り消して請求棄却の自判をすれば、本案の訴訟物につき既判力が生じ、上告人の原告にとって原判決よりも不利益となって許されないとの論理から、上告裁判所は、上告を棄却して原判決を維持すべきものとしたものがある（大審院昭和一五年八月三日判決・民集一九巻一二八四頁、最高裁昭和六〇年一二月一七日判決・民集三九巻八号一八二一頁）。しかし不利益記変更禁止に関するこの考え方は、近時有力な後記⑵の理論と相容れず、また、上告審裁判所が自ら不当と認める訴え却下の訴訟判決を維持し、上告審の見解によれば具備しているはずの訴訟要件が反対に欠如していることにつき既判力を生じさせる矛盾を容認するもので、到底採ることを得ない。

⑵　そもそも第一審裁判所が訴え却下の訴訟判決をした場合、当該訴訟物にかかるその後の本案判決で請求が認容されるか棄却されるかは未必であるから、原告が第一審の訴訟判決によって不利益変更禁止の原則が保護する積極的な法的地位（Besitzstand）を享受したということはできない。それ故、控訴裁判所が第一審の訴訟判決を取り消して請求棄却の自判をしても、法の禁止する不利益変更には当たらないという見解が、Bötticher の主唱（ZZP 65.Band. S.464）を機にドイツでの通説となっている（Schwab, ZZP 74.Band S.217.; Bettermann, ZZP 88.Band S.405.; Rosenberg/Schwab/Gottwald, Zivilprozessrecht 17.Aufl. §139 Rdnr.9.; Jauernig/Hess, Zivilprozessrecht 30.Aufl. §73 Rdnr.40.）。そしてこれは、日本民事訴訟法三〇七条（旧民訴法三八八条）の適用についても妥当な考え方であると信ずる。ただし、控訴裁判所のした請求棄却の自判が上告による変更の可能性を残しているのと異なり、上告裁判所が控訴審の訴訟判決を請求棄却の本案判決に取り換えることは、その判決の即時確定を意味し、原告から事実審において本案の審理、裁判を受ける権利を終局的に奪うものであるから、不利益変更ではないと断定するには若干の疑問が残る（Baur, JZ 1954 S.327.; Schwab, ZZP 74.Aufl. S.217.）。また、訴えの利益や当事者適格に関わる訴訟要件の問題で、(a)控訴裁判所が第一審の訴訟

判決に対する控訴を棄却し、または(b)控訴裁判所自身が訴え却下の判決をした場合、上告審では原判決が訴訟上の理由で訴え却下を是としたことの当否だけが争点となり、当事者間の実体法上の争いが上告裁判所での弁論および審理の対象にならないのが通例である。この場合に上告裁判所が本案につき自判することは、日本民事訴訟法三二六条（旧民訴法四〇八条）、§563 Abs.3（§565 Abs.3 aF）ZPOが想定するところでなく、法律審としての権限をこえるもので許されぬと解すべきであろう（Baur, a.a.O. S.325.; Schwab, a.a.O.）。そうすると上告裁判所は、事実審に本案の審理をさせるため、控訴審判決を破棄し、さらに(a)の場合は第一審判決も取り消して事件を第一審裁判所に差し戻し、(b)の場合は事件を控訴審裁判所に差し戻すべきものとなる（これが筆者の旧稿で示した結論であった）。

(3)　しかしながら本件の事案には、前項(2)で述べた原則論をそのまま適用することは相当でない。既述のとおり本件におけるKの父子関係存在確認請求は、認知による形成の効果が発生する前にも非嫡出父子関係が成立するという誤った前提を表示し、これに立脚したものである。そして、このことから訴え却下の第一審訴訟判決が控訴審、上告審を通じ是認、維持されたのであるが、訴えが不適法になるというのは誤りで、正しくは、訴えの却下ではなく、Kの請求がそもそも有理性(Schlüssigkeit)を欠くから、本案の事実関係につき弁論と証拠調べの必要もなく、早々に請求を失当として棄却すべき筋合いであった。こうした案件では、前示の原則論にとらわれ事件を事実審に差し戻したところで、差戻し後の事実審判決の結論も、上告審の論理に従う限り早々の請求棄却以外ではあり得ない。したがって上告裁判所は、訴訟経済の見地に立ち、控訴審判決を破棄し第一審判決を取り消した上Kの請求を棄却するのが相当で、これによりKが不利益変更禁止の原則の保護対象たる法的地位を侵害されたことにはならないと信ずる（Bettermann,ZZP 88.Band S.405.; Stein/Jonas/Jacobs, ZPO 22.Aufl. §561 Rdnr.6, §563 Rdnr.28.; Rosenberg/Schwab/Gottwald, Zivilprozessrecht 17.Aufl. §139 Rdnr.9, §145 Rdnr.9–13.）。

第3編　随　想

〔1〕難しい試験の合格は、何を意味するのか

司法試験合格体験記を書けという編集委員の先生方の仰せだが、ちょっと戸惑いを感じた。私の合格したのは、旧制度下の高等試験司法科試験で、もともとぜひ法曹になろうという気持もないまま、なんとなしに大学の最終年度に入ってから本格的な準備を始めて受けたら成功したわけだが、今思い返すと、謙遜ではなく随分出来の悪い答案を書いたもので、全くどさくさまぎれの合格としかいいようがない。だから、申訳ないが、私の体験記そのものは、本会報の読者先生方に全く参考になるものでない。

若い先生方は、艱難辛苦を重ね大変難しい試験に合格されたもので、これに対しては全く敬服の外はない。しかし、ということでこれからは少々差し障りのありそうなことを書くが、これも編集委員の先生方の意向にそうものと考えているので、容赦願いたい。

少々私の専攻する民事訴訟法の分野に偏向する議論になるが、裁判官といわず弁護士といわず、従来の慣例的な型に後座なりに追従するだけで、自分の仕事につき理論的な考察をする姿勢に欠ける人が多いように思われる。例えば、⑴司法研修所は、司法修習生に対し、「要件事実教育」と称

して、甚だ硬直で些か偏向した、そのくせ必ずしも実りの多くない理論を金科玉条のものとして叩き込み、他の教育を等閑に付しているで、私は、在官時代に生半可で該理論に凝り固まった陪席裁判官や弁護士を相手にしてほとほと困惑した経験がある。こんな理論にうつつをぬかしている御仁に対しては、例えば、「一部判決や各種併合訴訟の判決中の訴訟費用の裁判の大半が、オーソドクスな理論に照らすと誤判であることをご存じか。」と問いたい。(2)右要件事実教育と裏腹をなし、「民事判決起案の手引」という本で推奨されている本邦独自の奇妙なスタイルの民事判決が不合理で、ドイツで慣用されている方法の判決の方がよいことは、自明なので、私は、多年この方式で判決を書いていたし、論文でもその旨を指摘したのだが、聞こえて来るのは、冷笑的批判ばかりであった。ところが、最高裁判所長官がある場所で従前の民事判決の型を批判すると、とたんに「新方式」と称する判決の書き方が提唱されるに至り、実務上もこれに従う向きが多くなったのだが、その内容はというと、当然のことながらドイツ方式によらざるを得なかった。そこで、「私を先見の明あり」とほめてくれた人もいるのだが、ちっとも嬉しくはなく、むしろ馬鹿馬鹿しいという感情の方が先に立つ。また、これまで前掲「起案の手引」を座右の書としていた御仁が、草木の風に靡くが如く「新様式」に従うのはよいとして、それが行き過ぎて理論無視の手抜き判決が罷り通り始めたのは、困ったものだ。(3)私は、弁護士登録後まだ三年に満たず、扱った事件も少ないのだが、それでも裁判官の初歩的な訴訟法知らずの例をたくさん見ている。先日も高等裁判所である裁判官が、民事訴訟における事実の認定が厳格な証明によらなくてもよいと公言するのを聞いて唖然とし、これに対して真面目に反論しなければならない自分が情けなかった。(4)弁護士の訴訟法知らずの例は、それこそ枚挙に暇がないといっても叱られないと思うが、幸いにして裁判官の場合よりも弊害が少なそうだし、これを具体的に述べることは控えよう。

そういったことで、私は、法曹界の現状が甚だ腑甲斐ないと感じているのだが、その原因は何だろうか。よくはわからないが、やはり教育と試験制度が悪いのだろうと思う。理論的に整序された議論ではなく、アトランダムに述べることを許して欲しい。

また民事訴訟法の話になって恐縮だが、全然これを勉強しないでも司法試験に通れる制度になっているのは、不思議なことだ。また司法研修所は、例の「要件事実教育」ばかりやっていて、小器用な司法修習生なら他の訴訟法理論をほとんど知らなくてもよい点が取れるような体制になっているのも、奇妙な現象である。執行法にいたっては、司法試験の選択科目にも入っていないので、多年民事事件ばかり扱っている裁判官でも該法域の理論については無知な人が多い。

司法試験について受験回数や年令の点が問題になっているようだが、それは、わかるような気もするし、わからないような気もする。生来の素質の悪い連中は、何遍受けてもたいてい通らないだろうし、永年努力して合格しても、そういう人たちは、人間としてえらいかもしれないが、おおむね法曹としての適格に欠ける。但し、私が多年若い法曹や司法修習生に接した経験によると、極めて出来が悪いのに早く試験に合格している不思議な例がある反面、かなり高年令の合格者なのに非常に柔軟で優秀な素質の持主もいたから、物事は、一概にいえないように思う。ただ、現在の試験が、優秀な法曹の卵を選ぶのに必ずしも成功していないことは、断言できる。

申訳ないことに、私は、司法試験の改革について確たる系統的な意見を開陳する自信を持ち合わせていないのだが、一つだけ、それも実現の可能性が極めて少ない改革案を申し述べたい。それは、受験者の全員にレヴェルの高い第一次試験を課し、その必須科目に外国語（英、独、仏のうち一つ）の読解を加えることである。最近は、法律学についても日本語のすぐれた文献がたくさん出るようになったが、やはり外国語のオリジナルの文献を読むことが研究と実務のために有効であることは、変わりない。また、何もすべての法曹が語学に堪能であれというわけではないが、ある程度の語学力の有無が一般教養度のバロメーターになることは、間違いないと思う。昔は、旧制高等学校でもかなり外国語で鍛えられたから、大学に入った時点で難しいドイツ語の文献をスラスラスイスイと読む連中も多かったのだが、この間親戚の医学部の学生にtrinkenの活用を聞いてやったら答えられなかった。大学で語学なんかに熱中していたら司法試験に合格しないらしいから、法曹一般の語学力水準が大したものでないことは、確かだろう。語学力は、若い時に身につけていないとあとで困ることは、私の経験でもはっきりしている。外国語を司法試験の科目にすることに対し、官学偏重だということでこれに強く反対する向きが、ある私立大学の筋に存在しているということを、だいぶん前にどこかで読むか聞くかしたような気がするが（そういえば、私も私立大学の教師だ。）、もし私の記憶が正しかったら、どうかそんなケチな考え方は、願い下げにして欲しい。

〔2〕今だから言える

昭和二五年、全国の官公庁や企業は、当時の連合国軍の占領政策に便乗し、マッカーサーが同年五月三日以降数次にわたり出した書簡や指令に基づくものとして共産党員やその支持者を一斉に解雇した。世にレッドパージといわれるものである。ところがこのレッドパージの合法性は、純粋に国内法のレヴェルで説明することが難しかったので、法曹を悩ませた。被占領期間中の第一期では、被解雇者側は、裁判上では勝ち目がないと考えたのか、おおむね出訴や仮処分申請を控え、これをしたときでも意識的に手続を遷延させていた。そして、占領が終わり第二期に入ると、被解雇者側が開き直り、使用者側は、怠業とか職場混乱とか今まで明示していなかった解雇原因をあらたに主張して防戦した。ところが、最高裁判所昭和三五年四月一八日大法廷決定が、昭和二五年七月一六日にマッカーサーから内閣総理大臣にあてた、「不逞の輩の宣伝手段であったアカハタ等の停刊措置を無期限に継続しろ。」という書簡は、公共的報道機関にとどまらずその他の重要産業から共産党員またはその支持者を排除すべきことを要請したものであり、「そのように解すべきである旨の指示が、当時当裁判所に対しなされたことは当法廷に顕著な事実である。」と説示し、下級裁判所の裁判官を驚愕、震撼させ、第三期に入り、企業側が勢いを盛り返した。これは、既に遠い過去の出来事であり、関係した法曹の多くは、もはやこの世になく、生存者でもこの問題には触れたくない向きがあると推測すべき客観的事由もあるが、忘却の彼方に葬り去ってよい事柄とは思えない。私は、裁判官として上記の第二期および第三期の両度にわたり問題の事件の判決にたずさわった経緯の持主なので、特に感慨が深いのである。

この記事は、私のした裁判の内容を紹介することが目的ではない。私は、もともと低血圧の人間で、裁判事務もおおむね冷めた境地でやっていたから、第三期にした判決も、当時の裁判例の大勢には反していたが、この時も殊更気負った心理状態にはなかったことだけを記しておく。

以下は、私が上記の第二期にレッドパージ事件に関連して得た体験と見聞の内容を客観的に記述するものである。

昭和二二年、当時まだ判事補だった私は、神戸地裁第三民事部に所属し、川崎重工株式会社のレッドパージに基づく解雇の無効を原因とする賃金仮払仮処分申請事件の主任裁判官であった。このレッドパージについては、既に元司法研修所教官を裁判長とする第一民事部が、多数被用者に対する解雇の無効を確認した第一審判決を言い渡しており、その勝訴原告らが勇躍大挙して仮処分申請に及んだわけである。ところがこの先行の判決は、どうみても甚だ粗雑な裁判で、とてもわれわれが拠り所にし得る代物と思えなかったから、債権者らからの抵抗はあったが、仮処分事件でありながら、解雇の効力の有無についてもかなり鄭重な審理をした。

しかしその口頭弁論も終結し、判決を起案中の段階で、債務者会社代理人の弁護士が裁判官室に現われ、「この事件の判決は、是非とも原本作成に先立ち原稿の段階で言い渡して下さい。それというのは、さきの第一民事部の判決は、言渡しの前から何人が勝訴、何人が敗訴という具体的内容が外部に洩れており、代理人の弁護士の面目がなかったからです。」と申し入れて来た。若い先生の中にはご存知ない方も多いと思うが、昔は、民事判決も原本がない段階で言い渡すことが日常茶飯事であった。このことは、弁護士の間でも知れ渡っていたはずで、今から思うと不思議なことだが、特にこれが問責された具体例も知らない。しかし、勿論これは違法である。私も、先輩から「判決を言い渡してから後で辻褄の合う理由が書けないで困ることがあるから、そんなことはやるな。」と訓示されたことがあるし、私の関与した事件ではないが、原本未完成のまま判決が言い渡され、その後で理由をどう書くかしきりに難しい合議をやっており、そのうちに敗訴当事者の訴訟代理人弁護士が裁判官室に現われ、裁判長に、「敗訴の理由を知りたいから、判決原本がなければ原稿を見せろ。」と食ってかかり、裁判長が、「そんなことができるか。」と応酬しているのを傍らで見て、「これはまずいことだな。」と思った体験もある。いずれにせよ、われわれは、当然のことながら上記の債務者代理人弁護士の申入れを聞き流しにするつもりであったが、これから言い渡す判決の内容が事前に外部に洩れては由々しい問題である。そこで、さし当たり第一民事部の判決の内容が本当に言渡し前に洩れたのかどうか調べようということで、同部の主任書記官を招致した。すると、彼は、「実はあの事件の判決は、原本作成前の原稿の段階で言い渡されましたから、私どもも判決内容を事前には知らなかったわけで、それが外部に洩れたはずはありません。」というのである。われわれは、それ以上の調査をしなかった。それにしても、第一民事部の判決が事前に外部に洩れていなかったとすれば、さきの債務者代理人弁護士の言は、裁判所職員に対するいわれのない中傷になるが、これが中傷だというのに同部主任書記官の論法を採用すれば、裁判所が違法な手続で判決を言い渡したことがあからさまになる。いずれにせよ困ったことだなと考えた。

さて、九月二〇日、いよいよ裁判長は、私の起案した全文数百ページの仮処分判決を言い渡した。その内容は、数人の被用者に対する解雇を無効と認め、債務者会社からの賃金仮払いを命じたものである。判決は、原本に基づき言い渡されたから、すぐに債務者ら代理人に交付送達することができた。そこで、言渡しの当日だったか翌日だったか、執行吏は、仮処分の執行をするため神戸市内の債務者会社本社に乗り込んだ。すると会社の担当者は、「仮処分で支払いを命ぜられた額の現金は、間違いなく何時までに執行吏役場に持参します。」という。そこで執行吏は、同行したお人好しの債権者ら代理人弁護士の了承を得て、役場に引き揚げてしまった。ところが、約束の時刻を過ぎても金を持って来ない。執行吏は、電話でやいやい催促したが、そのつど蕎麦屋の出前と同じで、「もうすぐ持って参ります。」とか「もう会社を出ましたから、そのうちそちらに着くはずです。」とかの答えが返ってくるけれども、一向に埒があかない。そして、やがて債務者会社から執行吏役場に姿を現わしたのは、金を持って来た社員ではなく、代理人の弁護士（原稿段階での判決言渡しを申し入れて来た弁護士とは別人）で、彼は、執行吏に一通の大阪高等裁判所決定正本を提出し、そこには第一審仮処分判決の執行の停止を命ずる旨記載されていた。要するに、債権者ら側の完全敗北というわけである。

金銭支払いを命じた仮処分判決が上訴審の執行停止命令の対象となる場合があることは、当時も判例、通説であったが、現実にわれわれが心血を注いだ判決の執行が言渡し後一両日内に停止を命ぜられたと聞いたときは、唖然とした。もっとも私は、当時の大阪高裁の数ある民事部の一つが、労働事件において労働者側に極めてシヴィアであり、時にアッと驚くような判断を示すことは、よく知っていた。今回の執行停止命令を出したのも、その部である。但し、債務者代理人弁護士が申立ての受付段階で事件がその部に配塡されるよう狙い打ちしたかどうかは知らない。なお、大阪高裁がこの執行停止命令を出した経緯について、後日伝聞し得た裏話もあるが、それは、ここに書くわけにはゆかない。

さて、それから数年後、さきにわれわれの部屋に来て原稿段階での判決言渡しを要請された件の債務者代理人の先生は、弁護士会の推薦を得て、最高裁判所判事になられた。

〔3〕法曹人の日本語

この百年余りの間に、日本語も随分変わった。

新しい六法全書にも旧憲法が登載されているが、その条文の前にある「告文」というのは、今読んでもなかなかおもしろい。その冒頭には、

皇朕レ謹ミ畏ミ

皇祖

皇宗ノ神霊ニ誥ケ白サク

とある。これを「スメラワレ、ツツシミカシコミ、コウソコウソウノシンレイニツゲモウサク」と正確に読める人は、法律家でもあまりいないだろうが、これに続く告文の全文、憲法発布勅語、上諭は、昔の漢学の素養のある偉い人が起案した文章で、いずれも格調の高いリズム感のある名文だ。われわれの世代の者には高天原（タカマガハラ）からのお告げのような印象で、正座して読まないとオソレオオイような気がする。これにひきかえ新憲法は、当時としては画期的なひらがなまじりの口語体にしたのはよいとして、文章全体の出来は旧憲法よりも劣る。ことに新憲法の前文

は、いかにも英語の翻訳から出発したことがあからさまな悪文で、（原文の？）英語で読んだ方が意味を理解し易いところもある。かのナポレオン民法典は名文なので、かの地のある文人がその条文を自分の文章の範として日頃読んでいたということを、どこかで聞くか読むかしたような気がするが、ドイツの民法典や民事訴訟法典もなかなかの名文のように思われる。ところが日本で法典の継受が進むと、とたんに「仮執行ヲ為スコトヲ得ヘキコトヲ宣言スルコトヲ得」（旧民訴法一九六条一項）といったような変な文章が生まれた始末だ。戦後は法文の口語化が進み、例えば警察犯処罰令が廃止されて「祖裼裸裎」（タンセキラテイ）がなくなり、刑法の改正で「偶然ノ輸贏」（ユエイ）や「贓物ノ運搬、寄蔵、故買又ハ牙保（ガホ）」がなくなったのはよいが、所得税法や法人税法の条文のようによっぽど落ち着いて読まないとさっぱりわからないような代物に出喰わすと、問題は、口語化だけでは解決しないこともよくわかる。もともと法律は、民衆のためのものでないというのが現実らしいから、ある程度は致し方がないと思うが、その民衆の中に法律家も含まれるのなら、困ったものだ。

次は、裁判書の問題。

私が法曹人になったのは一九五一年で、そのころはまだ文語体調から抜けきらない判決を書く裁判官がよけいいた。ある田舎の裁判所支部にいた時、そこの支部長は、しょっちゅう検察官の求刑よりも重い判決を言い渡し、証人があやふやな証言をすると、「お前は、検事さんの前でいうとったとと今ここでいうとっとが違うようじゃけん、わしゃ何遍も聞きよっとじゃが、お前のいうことば信用されんばい。ここで偽証罪で捕まってまっすぐ家に帰れんごつなったっちゃ、おら知らんばい。」（私が実際に陪席裁判官をしていて耳にした言葉）と叱りつけたこともある悪名サクサクたる人だったが、その裁判官の判決文で今でも記憶している一節に、「被告人は、………屡々無類の輩と徒党を組み、暴行、恐喝等を敢行し、巷間の者等より蛇蝎（ダカツ）の如く顰蹙（ヒンシュク）せられ居る者なる處」というのがあった。「こげん書いとったら、ちいと刑を重うしてもよかろうが。」という仰せで、今時こんな考え方で裁判をしたら、それこそヒンシュクを買うことが必定だろうが、その時は、「さすがに古い人は、えらいものだ。とてもわれわれには、こんな難しい字を使った威厳のある判決文は書けんわい。」と感心した。戦後判決文が口語体になって（実は戦前にも口語体判決を書いていた判事もいるのだが）、「由是観之（コレニヨッテコレヲミレバ）」、「依面総合考覈（ヨッテソウゴウコウカク）スルニ」、「遮莫（サモアラバアレ）」といった懐かしい言葉が見られなくなったのは、ちょっと淋しい気がするが、裁判は、御上（オカミ）が人民共に申し渡す風情のものであってはいけないから、今時の人に読めないような言葉が判決文から消え去ったのは、よいことだろう。昔の文語文判決の悪いところの一つは、論理のおかしいところを言葉のあやでゴマカす傾向があったことだ。例えば、「蓋（ケダ）シ」とあるのだが、ちっともケダしていなかったり、「炳乎（ヘイコ）トシテ明カナリ」とあるのが一番怪しい箇所だったりした類いである。しかし、近頃の判決文が概して平明になったのはよいが、何となく昔の文語体判決の格式が失われ、だらっとした感じのものが多くなったのは頂けない。総じて下手な文章の判決には誤判も多いようだ。（ついでながら、判決書は学術論文でない事務文書だから、簡潔を尊ぶというのはよいことだが、日本の裁判所には昔から、当事者が力瘤をいれた主張を排斥する際に、面倒な理屈をなるべく書かないで木を鼻で括ったような挨拶をして済ます傾向があり、この悪しき伝統は、今も大切に護持されていて最高裁判所がその範を示しているのも、困ったものだ。）

次に、弁護士の書く日本語だが、はっきりいって一般に裁判官のそれよりも粗雑なものが多い。弁護士の社会では、おおむねこの点に無関心であり、裁判官同士とは違い、先輩が後輩の文章に手を入れることも少ないようだ。その原因の一つは、弁護士がダラダラした文章の書面を提出しても裁判官が読んでくれ、民事判決なら事実摘示で整理して書き直してくれるからだと思う。しかし、これが裁判官によけいな負担をかけ、ひいては訴訟の遅延をもたらしているという事情もある。それよりも、裁判官の中には、当事者の主張を見過ごして判断を遺脱したり主張を曲解して的外れの判断をする人もかなりいるから、弁護士の側では、そのつもりで書面を作る必要がある。そのためには、法律の勉強をオサオサ怠らず、簡潔、平明な、さらにできれば教養人にふさわしい品格のある文章を書く修練をせよということになる。

そうはいっても、簡潔、平明で、品格のある口語体の文章を書くことは、たいへん難しい。そこで私が思い浮かべるのは、われわれの大先輩、穂積重遠先生の文章である。今では、先生の著書を読む人も少なくなったが、手っ取り早いところでは尊属傷害致死の刑加重規定の合憲性に関する最高裁昭和二五年一〇月一一日大法廷判決（刑集四・一〇・二〇二七）中の先生の少数意見の一読をすすめる。その文章は、平明で流れとリズムがあり、しかも論理的で格調が高い。これと対照的なのは、同じ判決中の、他の裁判官の意見を「国辱的な曲学阿世の論を展開するもので読むに堪えない。」「休み休み御教示に預かりたい。」などとヒボウしたそれこそ読むに堪えない斎藤裁判官の補足意見だ。穂積先生は、和漢洋の教養がとりわけ豊かで、温厚、高邁な人格の持主だったから、文章にもその人柄が滲み出ている。それは、私のような教養の乏しい人格凡庸の法律技術屋が到底到達し得る域ではないけれども、せめて形だけでも近づくように努力したいと思っている。

〔4〕大学教師失格の弁

去年の春まで一一年間私立大学教師の職にあって、それなりの体験をした。もともとは大学教師になるはっきりした希望も見通しもなかったが、裁判官の定年間近の時点で新設大学の民事訴訟法の専任教授に就任をとの勧誘を受けたので、二つ返事で応諾したわけである。大学での職歴が皆無の教員は、学内で私だけだったが、就職の当初から新しい環境に違和感なく溶け込むことができた。私は、学内に怖い人が一人もいなかったし、若い人達の機嫌をとる気もなかったから、結構自由に振舞っていたけれども、かげで悪口をいう向きがあったかもしれないが、退職に到るまで疎外されていると感じたことはない。後に述べるとおり、在勤期間を通じ学生に対する教育面では見るべき成果を挙げられなかったが、講義の準備や専門分野の大学所蔵図書を利用しての原稿執筆を通じ、従前の自己の不明に気付いたり、新しい知識と理解を吸収したりすることができ、ちょっと気が引ける言いぐさだが、大学在勤中に書いた論稿は、以前のそれよりも些か出来がよいと自負している。

そもそも大学教師は、いやな同僚がいても教授会以外ではその顔を見ずに済ませるし、まともに勉強せずチャランポランでやっていても、おおむねとやかくいわれずに地位が保たれるという、まことに気楽で結構な身分である。だから、私の見るところでは、一般的に大学教師は、論理的思考能力と行動方式の合理性において職業的法律家よりも劣る。そこで、よその社会では勤まりそうもない身勝手な人種や、およそインテリらしからぬ不思議な言動をする輩もかなりいるし、スタンドプレイにうつつを抜かす愚か者が結構人望が篤く威張っている例もある。幸い私は、学部長だの評議員だの難しい役職には一切御免で過ごすことができたが、そうした地位の人達は、妙な人間と厄介な対応をしなければならず、精神衛生上よろしくないことがしばしばらしい。前学長の退職の際、私が「長年非常識な人間を相手になさって、本当にご苦労様でした。」とねぎらったら、「そう、何遍辞めてやろうと思ったかわからんですよ。」と感慨を込めて述懐された。そして、そういう変な輩が大学行政の枢要な地位を占める場合も現実にあるから、まともな人間は、迷惑するわけだ。

在勤一一年間の後半に入ると、大学内の環境が段々悪くなった。最大の原因は、少子化による入学志願者の激減である。これに伴ない、大学運営資金の相当部分を占める受験料収入が減少し、リストラの必要が叫ばれ、大学ないし学部自体のサヴァイヴァルすら問題になりかねぬという声も上がってきた。そうすると、若い在職中の教員達が将来への不安感を抱くのも当然で、幸いによそのもっと条件のよい大学から引きのあった連中は、次々にそこに向けて逃げ出した。また、私の退職時期は、前もってはっきりしていたのに、適当な後任者を獲得することができなかったし、それどころか、これを期にリストラの一環として、民事訴訟法ごとき学生に不人気の科目に専任教員を配属するのをやめようという考え方すら、学内でかなり支配的だった。入学志願者の減少による入学者のやる気のなさと学力の逐年低下は、ひどいもので、私の接した例でも、小学生程度の水準の日本語しか書けない者がいたし、「授業には条文集を持ってこい。」と命じても、大部分の学生が持ってこず、条文の朗読を命じたら、用意していた条文集が「口語六法」だったので、思わず面罵したこともある。そこで、学内中枢地位の人間の広報活動によるものらしいが、「本学は、偏差値の低い学生も迎えて、それなりのきちんとした教育を施す。」という趣旨の、われわれが読むとなんとも複雑な気持ちになる週刊誌記事も現れた始末だ。法学部でも、こうしたお先真っ暗の情況から脱却するため、「そもそも本学部に『法律学科』という野暮な名前の学科しかないのが多数入学志望者を確保し得ぬ原因だから、『現代』、『情報』、『ビジネス』、『環境』とかいった、もっと高校生にもアピールするスマートな名称の冠をかぶせた新学科を増設し、ここでは六法重視などといわず、『法情報学』、『消費者法』、『環境法』などいかにも現代社会の要請にそうような名目の科目をたくさん導入しよう。」というのが意見の大勢となった。近頃は、どこの私立大学でもこういう考えが流行らしい。私は、「今の法学部の教員構成では、政治学系統の人員が過剰なのに、法学教育の中核となる民事実定法専攻の教員が手薄で、バランスを失しており、それも金がなくて定員数が必要だというのに、そんな法学教育の基本を無視した、学部の現状にもそぐわぬ時流迎合のムード的なハッタリの計画を樹てるのは、とてもおかしい。」といったのだが、反動的と見られ、また一部の人達の反感を買ったのだろう、大方の賛同を得られなかった。但し、学部を窮状から救う対案の特効薬を示さない私にも、無責任と評されてもしようがない面があった。

民事訴訟法の講義は、したいようにやった。もともとこれは、どこの大学でも学生に不人気の科目だが、おもしろい話題を交えて法律嫌いの学生の興味を惹くような芸は、私にできるはずがないから、おおむね条文の解釈論に終始し、脱線、余談のたぐいは一切しなかった。私としては丁寧に説明したつもりだが、学生の評判では、「非常に難しかった」らしい。もっとも私の側にも、「難しいのは法律自体だからやむを得ないし、こっちが引用条文を示して講義しても、サラサラと条文集をめくる学生が殆どいないのでは処置がない。」という言訳けがある。また、今の法学部の学生では、「左ノ事項」を「ヒダリノジコウ」と、「スルコトヲ得」を「スルコトヲエ」と、「譲受人」を「ジョウジュニン」と、「責ニ任ス」を「セキニマカス」と、「言渡」を「ゲント」と、「但書」を「タンショ」と読む連中もいるのである。ともあれ、試験の答案では極めて不出来なものが大部分だった。「そもそも当事者が裁判所から呼び出されたのに口頭弁論期日に出頭しないのは、不届き千万だ。」とか、「被告として訴えられた者は、勝手に住所を変更してはいけない。」とかいう答案もあったし、一年だけ臨時に担当した親族、相続法の答案だが、「遺言能力には法律上あまり制限がなく、胎児でもこれをすることができる。」というのを見て、びっくりしたこともある。それでも、就任当初は比較的筋のよい答案も散見されたが、その数は、年々減少した。試験の成績判定では、辛い点を付けてもその学生が奮起するわけではなかろうし、留年者が多過ぎると大学も困るから、本来の評点に大幅な高下駄を履かせてやったが、それでも毎回四割程度の答案は、箸にも棒にもかからず「不可」とせざるを得なかった。「不可」の答案は、全部サッと読むのに一分かかることはまずないから、楽でよかった。

民事訴訟法が難しくても、通り一遍の講義をするだけではこちらもおもしろくないから、特に高度の法理論を踏まえてちょっとびっくりするような話もしてやった。現行法の体系で、調停による離婚は、民法が予定していないヌエ的なものでり、合法性を理論的に説明することが難しいと説いたのも、その例である。その際、少数の学生は、目を輝かせたりニヤニヤおもしろそうな顔つきをしたりで聴いてくれたし、試験で講義の感想、批判の記述を求めたら、「私は、将来離婚するときは、調停にはよらないつもりです。」という女子学生の答案もあって、まんざらでもなかった。

私の講義は、至って不人気だったから、ゼミナールの参加者は、極端に少なく、過剰の参加者で悩む他の教員に対する手前で具合が悪かったが、特に私を選んで参加した学生は、おおむね熱心だった。最後の年のゼミナール参加者は、一人だけだったが、学部全体で卒業成績二番の学生で、向学心と理解力に富んでいたから、かなり高度の研究者向きの話をぶってやり、また、「ＮＨＫのラジオでドイツ語の勉強をやれ。」とすすめ、いくつかの基本的法律用語のドイツ語も教えてやったら、学部の第二外国語だったフランス語に加えて、本当にドイツ語のテープ撮り勉強を実行し始めた。彼は、現在別の大学の大学院に在籍して民事訴訟法を専攻科目に選んでおり、そこの教授の助言もあったので、司法試験の受験も考えていると最近私に伝えてきた。しかし彼は、例外中の例外で、一般的にいえば、私の大学教師としての実績は、出来の悪い学生を置き去りにし、一一年の在籍期間を通じ改善の跡がなかった点で、不合格と評価されても致し方がない。最近は学生に教師の勤務評定をさせる向きもあるようだが、幸い私の勤めていた大学ではそれがなかった。

何はともあれ、私の第二の人生である大学教師の生活は終わった。冒頭で述べたように、私にとってはそれなりの体験ではあったが、客観的には、とても高い評価が得られたものでない。

〔5〕私の裁判官不信論

一　裁判官は、具体的事件で問題があれば、当事者の主張にも真摯に耳を傾け、法律の解釈については判例、学説も検討し、良心に従い独立の判断をなすべきで、そのためには、平素から高度の法律学の素養と確乎たる信念が求められる。しかし、当事者やその代理人の弁護士たるものは、右に述べたところが現実の事案でしばしば書生論的幻想にすぎぬことを銘記しておかねばならない。百年来の光輝ある司法の伝統の下に生きているわが国の平均的裁判官像によると、

1　かれらの意識では、訴訟法規は、人民のためでなく裁判所のためのものであるから、その解釈、運用は、しばしば裁判所の手抜きと拙速主義を本位に進められる。そして、弁護士の「長いものには巻かれろ。」の精神がこれに追い打ちをかけ、手続的正義は、しばしば訴訟促進の美名の下にないがしろにされ、弁護士事務所が裁判所の事務軽減のため筋の通らぬ労務と費用出損を押しつけられている実務慣行もある。

2　裁判の拠りどころは、理論よりも実務の慣行と惰性であり、これに逆らった裁判官の判断は、おおむね偏頗なものと見られる。そこで、清新の気に燃えた若年好学の裁判官も、いつしか安

易に走って勉強の意欲を失うようになり、論文執筆なども、ほどほどにしないと陰に白眼視されかねない。判決書の方式は、極めて画一的だが、おしなべて必要事項の記載に脱漏や不備があるし、典型的な決定、命令は、積年の誤謬、欠陥を是正せぬ不動文字の用紙を無批判的に利用してなされている（私の手許にあるドイツの書式集は、もっとよく出来ている。）判決文において、判例は（あまり権威がありそうもない下級裁判所のそれも）しばしば引用されるが、学説の引用は嫌われる（これは、ドイツの裁判実務と異なる点だが、合理的ではなかろう。）から、筋の通った裁判も、不勉強な上訴審の裁判官により独善と判断されかねない。極端な例だろうが、「実務は、理論どおりにはしないのです。」と公の場で明言するのを聞き、唖然とした経験もある。

3　弁護士が難しい法律論をもちかけても、まともに取り合って貰えぬことが多い。判決文では、詳細な法律論が敬遠され、勝たせてくれるときは、大概別の点の主張が採用される場合であり、法律論を卻けるときは、おおむね「所論は独自の見解で、採用するを得ない。」といった木を鼻で括ったような例文を用いるのが、最高裁が範を示す司法の伝統である（私の体験でも、ドイツ連邦大審院の判例とこれを援用、支持する複数の権威ある注釈書の記述を援用した上告理由が、「独自の見解」だとして最高裁により一蹴されたことがある。そこで、憤懣の情をある民訴法学者の弁護士に伝えたら、「戸根さんは、弁護士になって間がないから憤慨するのだろうが、わたしなんかは、何遍もそんな経験をしているから腹も立たなくなっている。」と一笑に附された）。

私の裁判官不信論は、大体以上のとおりである。どうも困ったものだが、現職の裁判官に向かって「もっとしっかりやってくれ。」と訴えても詮方あるまいから、実は諦めている。しかし、将来裁判官になる人達は、先輩よりもえらくないと困る。私の希望をいうと、諸子は、受験予備校経由型やガリ勉型でなく、しっかり法律学の基本をわきまえた好学の士で、かつ英、独、仏のうちの一か国語以上に堪能であってほしい。そのためには、ロースクールの構想も結構だろうが、さらに遡り、大学学部での法律学専攻以前の過程で、語学や一般教養につき優れた指導者の下で英才教育を受けていることが望ましい（私の脳裏には、戦後の教育制度改悪で廃止に追いやられた旧制高校がある）。

二　裁判官不信論は、最近の司法改革をめぐる論議の中で、一部の弁護士（ここで敢えて「一部の」というのは、かれらの声が決して弁護士全体のそれを反映したものでないと思うからだ）からも声高に唱えられている。これによれば、「今のキャリア裁判官は、実社会とあまり接していないし、最高裁の人事統制に毒されているので、判断が市民的感覚から遊離していることが多すぎる。」というのである。その論調は、かなり威勢がよく、単純、明快だから、反対論者も少々たじたじのようだ。それは、全く誤りだとはいわないが、かなり公式的で、誇張に過ぎ、私の裁判官不信論とは視点が大きく異なっている。論者は、「だから、法曹一元を推進して、判事は、弁護士等の経歴十年以上の者を主体とすべきだ。」といい、「判事補の制度は、廃止の方向が望ましい。」とする向きもある。しかしこの提言は、現実に目を覆ったもので、決して裁判官のレヴェルアップには繋がらず、むしろレヴェルダウンをもたらす所以である。

1　判事補佐官の途を選んだ人達の中の相当数は、誰から見ても最初から弁護士などに不向きだった連中なのだが、それでも裁判官としては適格者で、弁護士からの信望も篤い例が多い。他方多年弁護士として有能であった人も、必ずしも裁判官適格者とはいえない。同じ法曹でも、職種によって向き不向きの個人差が歴然とあるわけだ。

2　裁判官の仕事には多分に職人性があり、その熟達には、若年判事補十年間における実務経験とこれを通じての法律学の勉強が、（私見によれば）実世間との接触以上に有用で、他に代え難い。この期間中精進をサボっていた連中や独立の気概に欠ける凡庸の輩が、弁護士から低い評価を受けるのだが、その原因は、判事補の制度自体ではない。法曹一元だとか、弁護士任官の促進だとかいうが、弁護士生活も十年間続くと、例外はあるだろうが、裁判実務処理能力で同年代のキャリア裁判官との較差を埋めることは、かなり難しくなっているはずだ。

3　法曹一元論は、半世紀以上前にも喧伝されたことがあるが、その時分弁護士から裁判官に転身した人達は、殆ど例外なく能力不足（これは、当時駆け出しの判事補だった私の眼からも疑いを容れなかった）と評価されていた。このことを忘れたのか、もともと知らないのか、近年またぞろ弁護士任官促進の声が高くなったけれども、鉦や太鼓であおっても優秀な人材があまり集まらない（これは、当たり前だ。有能な弁護士は、大抵始めから終身の職業として弁護士の途を選んだ人で、登録後数年を経て経済的安定も得られたら、めったに転身を図るはずがない）。また、裁判所の中枢にいる人達は、利口だから遠慮してはっきりいわないようだが、確かな筋から仄聞したところによると、この数年中に弁護士から任官した人達も、大概裁判事務処理能力でキャリア裁判官よりも劣り（これも、当たり前だ）、かれらの中でまともに合議体の裁判長がつとまる人は、殆どいないらしい。キャリア裁判官の資質を云々する先生方も、「あの裁判官は、弁護士からなった人だから信頼できる。」と本心からいえる場合は、あまりないだろう。先生方は、もっと地に足のついた議論をしてほしい。

〔6〕いつも外野席の老骨にも言わせてほしい

弁護士の社会は、まことに不思議なところだ。私の接する弁護士諸公は、大概穏健、中庸な方々で、その言動も常識にかなっているのだが、弁護士会という組織になると、その中核および取巻きの先生方があらぬ方向に迷走なさる傾向がある。ここは雑多な人種の寄合い所帯だから、声の大きい者が他を圧倒するのだろう。

近頃世上でやかましい司法改革の問題は、三〇年前にも公けに採り上げられ、我妻栄会長をはじめ多士済々の人達で構成された「臨時司法制度調査会（臨司）」は、二年以上の調査審議を経て、一九七四年八月に最終意見書を公表した。その結論は、「法曹一元の制度は、これが円滑に実現されるならば、わが国においても一つの望ましい制度である。しかし、この制度が実現されるための基盤となる諸条件は、いまだ整備されていない。云々」というもので、その基盤培養のために若干の味のある具体策も提案している。この臨司意見書は、今読んでも司法の現実を正しく見据えた格調の高い穏当なものと思うのだが、当時の日弁連多数派は、これが法曹一元論を葬り官僚性の司法を肯定するものだとして全面的に反対し、意見書で提出された法曹三者、学識経験者からなる

「司法協議会」もボイコットして、司法改革を頓挫させた。

ところが今次の「司法制度改革審議会（司法審）報告書」は、弁護士会の年来の主張にかなりそったものになっている。だがこの司法審の構造を見ると、職域配分や具体的人選が宜しきを得ていたかどうか疑問で、審議の過程で常に高次元の議論が行われたのでもなさそうだ。例えば二〇〇一年八月九日午後の法曹一元に関する集中的討議の席で、ダントツに多く発言していたのは元日弁連会長の中坊公平委員だが、同委員は、「官僚支配司法の諸悪の根元は、判事補制度だ」という主張を縷々滔々と開陳し、これに対し元高裁判官の藤田耕三委員が、「判事補は世間知らず、非常識で、エリート教育に毒され庶民の心情を理解できないといわれるが、実態に合わぬ議論で、現場の若い裁判官の反発を招いている。」と反論したところ、中坊委員は、「私は、おそらくおたくの倍というよりも桁が違うぐらい裁かれる立場をずっと今まで経験してきました。本当に裁判官というのは、どうしようもないと思っています。我々の意思を理解する力も能力もないと、私はそう思っています（ママ）。」と切り返している。ここで中坊氏の発言は、その経歴と相まって反対派を黙らせるだけの迫力があるが、なんとも強引なハッタリで、これを聞けば、弁護士の間でも本心で「わが意を得たり」と喝采する者より辟易、当惑する者の方が多いだろう（当日の審議会でも、東大教授の井上正仁委員は、「お二人でやられるのは結構だが、その迫力が我々を沈黙させているところがある。ご配慮を。」と発言しているし、元最高裁判事の弁護士大野正男氏も、この中坊発言を新聞紙上で知り、「思わず愕然とした」という趣旨の記事をある雑誌に寄せている)。

ともあれ、司法審報告書にはキャリア裁判官不信の中坊イズムが色濃く浸透し、弁護士からの裁判官任用促進は勿論、素人の刑事裁判関与まで認めている。私も、中坊氏らとひとしく根っからの裁判官不信論者だが、その主な理由は、平均的裁判官が人民よりも裁判所本位に事件を処理し、法律学の勉強を怠り、昔からの実務慣行に盲従している点であって、先生方が裁判官の世間知らずや最高裁の官僚的人事行政を大げさに主張しているのとは視点が異なる。

裁判官の給源の多様化も結構だろうが、判事補経由の裁判官がダメで弁護士出身裁判官の方がよいという一般論は、通りが悪い。弁護士は、日頃依頼人と相手方や官庁との間に立って事案と対峙し、温室育ちの裁判官が知らぬ修練を積んでいるが、裁判に一番肝心の法律学の方は、はっきりいって大概裁判官よりもずっと不勉強であり(それでもなんとかやっていけるし、練達の先生方も、理屈より年の功の勘と経験に頼って仕事をしている面がある)、勉強のための環境も整っていない(個々の法律事務所の蔵書が貧弱なのは致し方ないとして、会員数千人を擁し数十億円を投じて新会館を建設しようというわが大阪弁護士会が、駅弁大学にも劣りドイツ語、フランス語の基本的法律書を一冊も保有していないのは、どういうことか)。官僚裁判官の世間知らずは、ある程度そうだろうが、受任事件を通じ限られた領域の世間とだけ密接な関係の弁護士が、他の職域人より格段に社会的経験が豊富だとうぬぼれるのは、おこがましい。餅は餅屋だから、大型公害事件や冤罪事件で令名の高い弁護士が当然裁判官にも適任だといえば笑われる。今まで弁護士から裁判官になった人達に対する評価が甚だ低いのは、そこらに理由があるのだ。

司法審意見書が採り上げている「裁判員制度」は、もっと問題だ。陪審などというくだらぬ制度と民事裁判への裁判員参加が見送られたのは、せめてもの慰みだが、刑事裁判に、一般国民から素性も教養度も問わず無作為に選ばれた素人の裁判員が評決権をもって関与するというのは、どう考えても頂けない。これを法曹外の人間ならまだしも、弁護士が推進しているのだから呆れる。先生方は、大正時代に陪審法が制定された際、多くの先輩弁護士がこれを帝国憲法違反だとして猛反対した歴史をご存知ないのだろう。

ともあれ二一世紀日本の司法は、大政翼賛会の迷走でお先真っ暗の様相だから、その他大勢の法曹は、そうならぬよう迎合を控えて主体的に行動する必要がある。もっとも老骨の私は、若い先生方に申訳けないが、この雑文を草したことでお役ご免と願いたい。

〔7〕家庭裁判所と私

永年裁判所に在勤していても、家庭裁判所での執務経験は少なかったが、若い頃の三年間、田舎で地裁支部長と家裁支部長を兼任していた。だから、家裁の各種会合に出席する機会もあったが、その雰囲気にはなじめなかった。私は、普通に仕事をしていたつもりだが、所長がある会合の席で、「家裁専属の裁判官はだいたい正常だが、地裁と兼務の人の裁判には困ったものが多い。」と発言するのを聞き、「ははあ、おれのことかな?」と思ったこともある。

家庭裁判所は、民衆から愛される裁判所たるべきだというので、広報活動に熱を入れ、受理件数の多いことを業務判定のバロメーターとしていた（その点で私の勤務庁の成績不良が指摘されたこともある）。そのため、職員が管内の市役所などに出張して住民からの家事相談に当たり、事案に応じ携行の各種調停、審判申込書用紙に必要事項の記載をさせて持ち帰り、事件受理の事務をすませるという変な扱いもあったと聞く。今はどうだか知らないが、家事相談も家裁の重要な機能の場だというので、暇な調停委員に期日出頭の名目で日当を支給し相談事務に当らせているところがあった。私は、「家事相談は、事件受付事務の延長でしかないのだから、調停委員にさせるのは邪道だ。」といって嫌われた。また、家裁本庁には、篤志家達の出資による一種の基金が職員の許で保管され、貧乏な出頭関係人の交通費などに支弁されていると聞き、「そんな会計監査の対象外で支出額回収の担保もない基金を職員が管理するのは、おかしい。」と発言し、これも所長のヒンシュクを買った。

ともあれ概念法学指向の私は、合法性よりも合目的性を重んずる家事調停や家事審判に肌が合わず、家裁勤務が少なくてすんだのは正直にいって幸いだった。もっとも、昔も今も大多数の裁判官は、口に出さなくても、できれば家裁には行きたくないと考えており、家裁に配置されて不満の人達も少なくない（ただし、いろいろの事情で高裁、地裁には受け容れてもらえそうにない人が、少なくとも以前はかなりいた）。家裁勤務を衷心からの生き甲斐としている人達も、ある種の欲求不満を感じており、それが家裁の崇高な理念をワンパターンで繰り返し喧伝する形にもなっているのだと思う。

家裁裁判所関係者の年来の悲願は、地裁管轄の人事、家事関係訴訟事件の大幅な移管を受けることで、そうなったら欲求不満もかなり解消するわけだ。かつては、「全人事訴訟事件を非訟事件手続の家事審判に編入せよ。」という、いとも勇ましい議論も見られた。まだその議論が延命していたころ、家裁所長名で離婚訴訟等の移管の是非を問う意見照会が来たことがある。賛成意見を集成して移管実現の布石とする意図は見え見えだったが、ウソは書けない。だから、「家裁移管には手続法の基本理念に照らし問題が多すぎる。ことに、移管で大坂城の外堀を埋め、やがては離婚訴訟等を家事審判に編入させるつもりなら、違憲論が避けられまい。」という趣旨の回答書を送付した。後日別の裁判官が所長の面前で「移管には疑念がある」と口を滑らせたところ、「戸根君もそんなことを書いてきたが、もってのほかだ。」と、大変不機嫌だったそうである。

ところで、近年家庭裁判所には司法制度改革審議会という強力な援軍が現われ、去年最終報告書で移管支持を打ち出し、移管の範囲を人事訴訟以外の諸般家庭関係事件に及ぼすことも提唱した（この司法審報告書には、他にもわが司法の将来に暗影を落とす困った提案が多い。私は、最近の論文（民商一二五巻四～五号五四九頁、五七四頁）で、人事、家事関係訴訟につき組織面で家裁の方が地裁よりも管轄に適性とはいえないし、訴訟当事者となる人民の立場では、目的の訴訟が地裁管轄でも家裁管轄でも便宜上の差異がなく、大幅移管が実現して両裁判所間の管轄分掌が法定されると、提訴先裁判所を知るのに迷う場合が増加するだけだと記述した）。しかし、この司法審報告書を承けた法制審議会民事・人事訴訟法部会が出した結論では、移管の範囲を人事訴訟事件と関連併合損害賠償請求事件に限定しており、この線で法改正が実現しそうである。大方の移管推進論者には不満だろうが、大幅移管に伴う難点を避ける結果になっているから、「まあそんなところかな」というのが、私のおおよその感想である（詳しくは反論、疑問を提出したい点もあるが、ここでは触れない）。泰山鳴動して鼠一匹というところか。

いずれにせよ、人事訴訟は、近く確実に家庭裁判所の管轄に移行する趨勢だが、移管が実現しても、人民の側では前より便利にも不便にもならないだろう。ただ気になるのは、現状では家裁の裁判官が地裁の裁判官よりも法律学の理論に弱く、判決手続に習熟していない点だ。今までの地裁の事件処理でも、(1)当事者双方が離婚を求め、婚姻関係の経年完全破綻で離婚判決の結論が自明の事案でも、附帯の手のかかる慰謝料請求事件との分離、一部判決を避け、裁判所の手抜きのために既に形骸化した婚姻を延々と継続させている例、(2)訴訟事件たる慰謝料請求と非訟事件たる財産分与申立てとの本質的差異を顧慮せず、両者をゴッチャにしたような判決をしている例、(3)二日酔いの朝帰りが多いとか、競馬で負けて大穴を空けたとかで離婚につき有責だというのはよいが、この類の事実をだらだらと摘示するだけで、不法行為の要件具備の説示が曖昧のまま慰謝料請求を認容している例、(4)現行法では離婚の和解が許されないので（改正案では許すことにしている）、「協議離婚届書を提出すること」といった、本来無効の離婚の予約を容認し、届書が任意提出されないと紛争解決にならぬデタラメの和解を成立させ、一件落着（本当は事件終了の効果もない）としている例など、おかしなものが多い。家裁が事件処理に当たるとどういうことになるのか、ちょっと心配ではある。

いろいろ考えてみると、問題の淵源は、戦後の司法改革で家庭裁判所の制度を創設したことにあるようだ。そこで私は、いっそ地裁と家裁の間の障壁を除去し、両者を統合してはと提案したのだが（前掲論文）、勿論大方の賛同を得る自信があっての議論ではない。

〔8〕人間も賞味期限を過ぎると、 性格と生き方を変えられない

私の仮差押え・仮処分とのつき合いは、およそ半世紀に及ぶ。

判事補任官後五年目に、神戸地方裁判所に赴任して執行・保全等の専門部に配置され、そこで多くの仮差押え・仮処分事件を処理した。当時はまだ戦後の混乱期の延長で、通常の民事訴訟はまどろっこしいから手っ取り早く仮差押え・仮処分でいこう、そこでは事実認定だけでなく理論も大雑把でよい、さし当たりの必要がある申請はどんどん認容すべきだ、仮処分物件を保管する執行吏は、その物件の侵害者を格別の債務名義なしに強権力で追い出せると解しよう、だから、目的物に対する「債権者」の占有を解き執行吏に保管させる新機軸の仮処分もなかなか有効だ、などなど、強引な独善的解釈論や便宜主義の事件処理が幅を利かせていた。そのころ一般の風潮をリードしてよく売れた保全処分の体系書の著書である裁判官は、別論文の冒頭を「実際の必要は理論を崩す。」と書き出していた。しかし私は、この風潮になじめなかったので、大雑把、ゴリ押しの仮差押え・仮処分申請に対しては、一切の妥協を拒んで難点を指摘し、納得せぬ向きには然るべき理由を附した却下決定をどんどん送りつけた。これがボス的階層の年輩弁護士達からの怨嗟を招く原因とな

り、時にひたすらバリゾーゴンに耐えねばならなかったが、さらに先生方は、地裁所長の許に「あの若造を何とかせよ。」と直談判に及び、所長が取り合わなかったという経緯を、だいぶん後になってから聞き知った。もっとも私の行き方に同情的な弁護士諸公もかなりいたようで、「戸根さん、〇〇先生と喧嘩しはったんと違いまっか。弁護士控室でごっつう怒ったはりましたで。」と、ニヤニヤうれしそうに知らせて来た先生もいる。裁判所内でも、私の事件処理を問題視する空気はなかったはずで、若い判事補が執行・保全のような特別部に配属されるのは、せいぜい二年というのが通例だが、私の場合、いろいろな庁内の客観的事情が続いたので、神戸地裁に在勤の四年間を通じ同じポストから動かなかった。例年四月の庁内事務分配異動期を過ぎたころ、ある弁護士から、「あれっ。戸根さん、まだここにいやはりまんのんか。」といわれ、おもしろかったから、「すみまへん。よそにもっていきどころがないらしいんで。」と答えたことがある。

任官後一〇年目に司法研究員となり、それまでの実務経験と研究結果に基づいて「仮差押・仮処分に関する諸問題」という報告書を公けにした。当時の実務と文献に蔓延していたマンネリズムと理論無視の便宜主義を随所で批判したものだが、あらためて読み返すと、既に陳腐となった記述や今では間違っていると思う議論もかなりある。この報告書は、数年前の古本屋のカタログで二五〇〇円の値がついていたが、今ではほとんど誰も顧みないのは、致し方ない。

その後も複数の裁判所で仮差押え・仮処分事件を他種事件と併行で担当、処理したが、永年在勤の大阪地裁では関係していない。

近年は、民事保全法の施行に伴い、関係の注釈書、体系書、実務手引書などがどっと刊行されており、それぞれに有益なものが多い。ところが実務はどうかというと、裁判手続一般の例に漏れず民事保全の分野でも、多くの裁判官は、具体的事案に適合した理論の究明よりも先輩から伝承の実務慣行を、当事者の便益よりも裁判事務の都合を優先させて事件を処理しており、弁護士が至って不勉強なのは、昔と全く同じである。公刊の文献も、大概は現状の実務を肯定的に解説するだけで、これに対する理論的分析、批判の面では物足りない。それで、例えば裁判書や申立書の記載内容だが、一般の実務家は、事件処理のつど法律理論を念頭に置き文書を作成しているのではない。裁判所は、以前は備付けの不動文字で印刷された各種裁判書用紙を最大限利用していたが、多くは前世紀初頭から基本的内容の改善を経ていないカビの生えた伝来物であり、こうして永年の風雪に耐えた文体、書式は、ワープロ、パソコン時代に入っても大切に保存、踏襲されている。そのため、私の見解では外見上も理論に合わぬ保全命令等が氾濫しているのだが、その例示と説明をこの雑文で尽くすことはできない。手続の進め方や裁判の内容は、具体的事案が少々特殊でも、なるべく慣例の型に押し込めるのをよしとする。多くの弁護士は、事務所に水準の高い参考文献を持ち合わせず、持っていてもあまり読まない。座右の書は、裁判所慣用の文例に則った書式集や安直な実務マニュアル本である。こういうものに頼って書類を作成、提出しておけば、多少おかしな記載があっても大抵フリーパスで、スムーズに事件を処理することができるから、手っ取り早くてよろしい。事件受付の裁判所書記官は、大概優秀で手続に精通しているから、少々言いぐさが生意気なこともあるようだが、書き方がおかしいと訂正の仕方を親切に教えてくれ、「はいはい」とこれに従っておく心得が、日頃主体性を標榜する弁護士の間で徹底している。

私は、弁護士になってからも文書の作成には凝り性で、理論と文章にこだわり過ぎる方だが、へそ曲がりだから書式集の類いは使わない。ところが裁判所というのは、自信過剰の融通が利かぬ役所で、私の起案した仮差押申立書が、内容ではなく書き方が方式に合致せずおかしいと、受付の書記官がケチをつけて来た。法曹経歴五二年、その内裁判官時代三七年の私も、おちたものだ。行きがかりで致し方ないから、「裁判所が事件処理で常用している文例は百も承知だが、理論に適合しないと確信しているから、これに従わなかったのだ。訂正の意思はない。」と突っぱねたが、なんともつまらぬエネルギーの浪費だった。

そんなことで、齢喜寿を過ぎたこのほど、「コンパクト民事保全法」（法律文化社）という概説書を著した。同分野の類書とはだいぶん違った筆運びで、標題どおりの小さい本だが、理論上、実務上の重要な問題点は大概採り上げ、これに対する推論の過程と結論をごまかさずに示しているつもりである。私のことだから、随所で近頃の支配的な実務と論説を容赦なく批判、攻撃しているが、他意あってのことではない。勿論たくさんの人に読んで頂きたいが、売れ行きと成果のほどは、甚だ心許ない。

〔9〕これは本邦裁判実務最大の盲点かも

㈠　訴訟費用を敗訴当事者の負担とする裁判があれば、勝訴当事者の訴訟代理人が支出費用の取立てを図るのは当たり前と思うのだが、誇り高い弁護士は、よほどの事情がないとそんなガメついことをしないという観念があるらしい。

先年うちの事務所の提起した訴訟で被告が請求を認諾したから、数十万円の支出費用を回収するため旧民訴法の規定に従い訴訟費用の額の確定と負担を命ずる決定を申し立てたことがある。すると、これが被告訴訟代理人の先生方の頭に来たらしい。裁判所に提出された書面には、「当方は、全くの善意、思いやりで請求を認諾してやったのに、それをよいことに訴訟費用の取立てで追い討ちをかけるのは不届き千万だ。」という趣旨が書いてある。当方は、「そういう法律論もあるものかな。」と恐れ入った。さらに決定後関連事件で先生方と出会った際、「戸根さん、まさかあの決定で費用取立ての執行まで申し立てる気やないやろね。」と問いただされた。「あなたのところからうちの事務所にちゃんとお金を届けてくれると信じているので、もちろん執行は考えていない。」と答えたら、先方は、変な顔をしていた。

(二) わが国では昔から弁護士が訴訟費用額確定の手続を申し立てる案件が稀だが、その理由は、何も弁護士の謙抑の美徳にあるのではない。弁護士は、依頼人から報酬を貰わねば生きていけないが、依頼人の側では、もちろんそれは負担だ。ところが、日本法では当該事件で弁護士に支払う報酬が訴訟費用にならないから、勝訴しても裁判所が報酬額の負担を相手方に命じてくれない。だから費用額確定の手続を申し立てても、大概の事件で面倒な割に貰える額が少なく、あまり得にならないという事情があるだけのことだ。弁護士費用を訴訟費用に編入させている法制の国では、訴訟費用額確定の手続が頻繁に申し立てられている。それで、勝ち筋の当事者は、弁護士報酬を気にしないで訴訟に望み、負け筋の当事者は、しばしば費用負担の節減を図るため潔く和解、早期の敗訴、請求の認諾、放棄の途をさぐることにもなる。ここでは弁護士報酬額の適正が強く求められ、法外に巨額の約定はもちろん、ダンピングも時に弁護士の懲戒事由となる。いろいろ問題はあるが、大筋ではこちらの制度の方がよさそうで、近時これを導入する法改正が考えられているのは結構なことだ。ところが、これは多くの弁護士の間では至って不人気で、最近とみに「弁護士費用の敗訴者負担」を強く非難する声がある。その論調はなかなか威勢がよく迫力もあるが、広い視野からの考察が不十分で、今ひとつ説得力に欠けるように思われる。ただし、まだあまり立ち入った検討をしていないので、偉そうなことをいって先生方に叱られるのは怖いから、この程度でやめておく。

㈢　わが国では訴訟費用額確定手続の申立てが少ないことから、裁判所は、訴訟費用の裁判の勉強を昔から怠っており、この分野の実務は、だれも文句をいわないけれども、間違いだらけで誤判が氾濫している。偉い学者の先生方も、こんな見栄えのせぬ問題には大概知らぬ顔である。イタチゴッコで、このことが費用額確定手続の運用と成果を妨げている面もあるのだ（これから先の各論的記述は、私の強調したいところだが、実のところ本冊子の趣旨にそぐわぬ理屈っぽい法律家向きの議論だから、とっととお急ぎの向きは、どうぞ読み飛ばして頂きたい）。

まず事件を完結する裁判なのに殆ど例外なく訴訟費用の裁判を脱漏しているのが、裁判官忌避申立却下決定、訴状却下命令、不動産引渡命令、仮差押・仮処分命令である。

もっとも問題なのは、最高裁を含むわが国の裁判所が、おしなべて訴訟費用を個々の原、被告間の、それも各個の請求ごとに可分のものとし、その分割された一部につき負担の裁判をしていることである。共同訴訟人中の一人を敗訴させた一部判決において、訴訟費用の裁判を後日の事件を完結する判決に留保することなく、彼に費用の負担を命じているのは、その顕著な例だ。しかし、請求の主観的または客観的併合の場合、個々の費目の訴訟費用を当事者ごと、請求ごとにはっきり金額的に分別することは、多かれ少なかれ恣意的裁量を交えなければ不可能だろう。上記の実務の扱いは、費用額の確定によけいな裁量を求め不安定な結果をもたらすもので、合理的でない。この分野の研究に伝統があるドイツでは多くの実務家や学者が、裁量を交えないでも費用額を配分確定することができるような訴訟費用の裁判の型を、事案の態様に従い個別、具体的に探求しており、私の知る限り、日本の裁判所で汎用されているような安易で素朴な訴訟費用の裁判のやり方を是認している文献はない（因みに、わが民事訴訟法でドイツ法にはない「訴訟の一部移送」を認めているのにも問題がある。立法者は、その場合に移送前に生じた訴訟費用を移送事件と残留事件との間でどのように配分するかの規整をしていないから、別異の裁判所が分離された事件につき各別に費用の裁判を伴った判決をして、両者の恣意的裁量に基づいてした費用額の確定が互いに矛盾抵触することを防ぎきれない）。

恣意的裁量を交えないと個々の当事者にかかる費用額を確定し得ない訴訟費用の裁判の顕著な例は、かの有名な大阪国際空港夜間飛行禁止等請求事件の最高裁昭和五六・一二・一六大法廷判決・民衆三五巻一〇号一三六九頁のそれである。私は、裁判官在職中にこの事件の訴訟費用額確定決定の申立てを受けたので、訴訟記録を取り揃えたら大型ロッカー数台に充満した。この膨大な記録に基づいて費用額を確定するためには、第一に損害金の請求と飛行差止請求の間で、第二に請求認容の度合い、訴訟手続関与の程度、事件終了の原因などがまちまちな原告数百人の個々の間で、（最高裁の費用の裁判には割合の指定がなかったから、）数え切れぬ雑多な費目の費用について、個々的にその額を可能な限り恣意を避けた裁量で配分せねばならない。全く気の遠くなるような話で、パニックに陥りそうだと懸念された。しかしその作業の重圧は、裁判所よりも前に、費用計算書を作成、提出しなければならぬ当事者双方を直撃したもので、結局この費用額確定事件は、私の退官後、良識ある双方代理人が、並々ならぬ労力と折衝の末、和解という事案には適切だが変則的な形で解決に導いたと聞いている。こういう事態は、おそらく最高裁の裁判官諸公の予想外だったろう。

㈣　ともあれ、将来の立法で弁護士強制や弁護士費用の訴訟費用編入が実現する可能性があり、その暁には費用額確定の申立ても飛躍的に増加するだろう。そうでない現行法の下でも、実務家と学者は、今までのような呑気な対応ではなく、面倒臭くても訴訟費用の裁判の勉強に精を出す必要がある。ただし私は、以前にはこの問題に少々頭を突っ込んだことがあるけれども、すでに老境に達しており、さらに十分な研究を進める気力が残っていない。

〔10〕きれいごとやムード論は、願い下げにしてほしい

一七年前に裁判所をやめた際、「これで合議の苦労もなくなる」と肩の荷を降ろした気分だった。個々の裁判官により事情と感じ方はまちまちだろうが、私の場合、ある時期、裁判前の合議に少なからぬストレスを感じていた。

合議は、評議と評決によって成り立つが、骨格は、各裁判官の意見交換によって裁判所としての統一的意思の形成をはかる評議であって、大概の事案ではこれで裁判の内容が決まり、裁判官の意見対立が解消しない場合にはじめて多数決原理による評決となる。評議の過程は、事案と裁判所の構成によってまちまちである。見識の高い各裁判官がいずれも事案の内容と問題点をしっかり把握して率直に自己の意見を開陳し、「三人寄れば文殊の知恵」ということわざどおり、ときに他の裁判官の説得や自説の修正もまじえ、互いに協調して討議を遂げ、裁判所としての統一的意見形成をはかるのだといいたいが、現実は、なかなか単純なものでない。争点が少ない事件でしっかりした裁判官が一人でもいると、他の人は、法律に強くても弱くても、たいていはよけいな口出しをしないから、評議はちゃんとまとまる。検察官や外交官の出身者も含む裁判官構成の最高裁判所がむ

ずかしい民事事件の判決をしている背景事情は、おそらくそんなところだろう。反対に困るのは、意固地の裁判官が構成員の中にいるときで、しばしば合議が紛糾し、他の裁判官が精神衛生上よろしくない思いをすることになる。この例は、かなり多い。最高裁判所の発足当初、個性が強い年寄りの（生理的にも？）他人の意見が耳に入らない裁判官たちが、職務熱心で合議の際に自説を強調するあまり、しょっちゅう互いに大声で罵り合い、六法全書を投げつけた事例もあるという（当時の裁判官自身が述べていることだから、間違いないだろう）。先輩、同僚の意見にひたすら従順な主体性欠如の裁判官もよろしくない。数十年前大阪高等裁判所に、時々ユニークな判決文を書くので有名な刑事の裁判長がいた。ある恋愛心中の生き残りに対する判決で、「恋愛心中の由来は、古事記、万葉の時代に遡る」という前置きで、古典の原文を引用し現代語訳を添えて古えの事案を詳しく紹介した上、「昔は恋愛心中にも万やむをえぬ事情があったかもしれないが、わが国の現代社会では恋愛、婚姻の自由が法的にも保障されているのだから、想いが遂げられそうもないといって心中の途を選ぶのは、権利意識に欠ける馬鹿で同情に値いせず、刑の執行猶予に適しない」という趣旨を延々と説示したのがある。そういう論理が成り立つのかどうか、ちょっと変な感じだが、豊かな教養と堂々たる所信披露の様には敬服のほかなく、近頃こういう個性的な判決があまり見られないのは、少々淋しい気がする。ただここで私がいいたいのは、これは合議裁判所の判決だったから、陪席裁判官中の少なくとも一人が、この格調高き（？）判決文を提唱した裁判長に同調したに違いないので、彼の見識を非常に疑うということだ。

裁判の評議は複数裁判官の共同作業だから、それぞれが独自の個性をもっていても互いに気心が通じ合っていることが望ましい。ところが、大概はまじめで温厚な裁判官の中にも、法律の勉強がちょっと苦手の人、考え方がどうも大雑把な人、自分の意見をあまりはっきり言わないか言えない人、自信過剰の人、高圧的な物の言い方をする人、感情が顔に出がちの人、妙な個性が強くて付き合いにくい人などがかなりいるし、一人一人は正常でも二人以上寄り合うとお互いの相性が悪く、えてして評議がぎこちなくなる例もある。とにかく裁判所にいると、こういう類の話がしょっちゅう耳に入る。だから、個々の裁判官の性格を把握し、特にむずかしい人の配置には目立たぬ形で気を遣い、（ときには合議が不要のポストに行ってもらい、）裁判部の構成を考えることは、高裁長官や地裁所長の大切な仕事となっている。私は、冒頭で在官中に合議でストレスを感じたと書いたが、これは、私の指導力、包容力の不足にも原因があったたし、特に悩んだ時期は長くなく、在官期間をおしなべると、心労の度合いが永年勤続裁判官の平均値よりも高かったとはいえないと思う。それでも、任官したての判事補が、自信過剰であまり権威のない筋から仕入れた生半可な理解に基づく自説にこだわり、むきになって私の意見にケチをつけたときや、日頃の言動で周囲との協調性に問題のあった陪席裁判官が、しょっちゅう私を愚弄するぶしつけな言辞を投げかけ、私の意見が気に入らぬと嫌悪感を顔いっぱいにあらわにしたのには、全くいやになったものだ。

ところで、近頃裁判員制度なるものが、官僚的司法を批判し国民に開かれた司法を賛美する俗耳に聞こえのよいムード論を背景として、あれよあれよという間に国会も通り数年後の施行待ちとなってしまった。これは、素性も教養度も問わずくじで選ばれた素人に裁判官と対等で刑事事件の審理、判決に関与させるもので、私は刑事の専門家ではないから偉そうには言えないが、前代未聞の奇怪な制度に思える。元最高裁判事の香川保一氏、元東京高裁判事の大久保太郎氏、新潟大学教授の西野喜一氏は、それぞれの論文や対談記事で、この制度が憲法違反だと断定しているが、いずれも非常に筋の通った論調だし、ほかにも多数の法律家が、黙っていても違憲の確信ないし疑惑を抱いていることは、まず間違いない。また、この制度には違憲の疑惑以外にも問題点がゴマンとあるから、施行されても必ずや遠からず、具体的事件で各種多様のとてつもない混乱の事態が続発するだろう。

前段からの続きで、裁判の合議を中心に記述する。合議が裁判官だけの場合でも大変なことは前述した。裁判所や弁護士会が肝入りで啓蒙のため開いている裁判員を加えた模擬裁判などでは、（私は、これまで全く見たことがなく、今後見る気もないが、）おそらく、裁判員の全員が裁判長の適切な指導の下に司法の一翼を担う使命感に燃え、裁判官と一体となり熱心に審理と評議に当たって無上の充実感にひたり、めでたしめでたしと妥当な判決内容に到達しているのだろう。しかし、いつもそんな結構ずくめの筋書きどおりに事が運ぶはずはない。裁判員は自分の希望でこれになったわけでなく、くじ運が悪く選任されて自分の仕事や生活のペースが乱され、「これはかなわん」と思う人が多いはずだ。そういう人たちに裁判官と同水準の裁判への使命感をもてというのは無理な相談で、仕事ぶりがチャランポランでも仕方がないだろう。性格異常や認知症でまともな判断ができない裁判員がいるかもしれない。素性の悪いやくざ、極端なアナーキスト、オウム真理教もどきの偏執的信条の持主などの参入も、本人が事前に正体を明かさないと排除しきれまい。裁判長がこんな人たちをうまく導き審理と評議に参加させて合議をまとめ上げる心労の度合いは、ヘソ曲がりや意固地の陪席裁判官が相手の場合の比ではなく、とてもじゃないだろう。そしてこうした心労も、参入した裁判員の資質などに問題があった事件では報いられず、判決の結論も変になりがちだ。「骨折り損のくたびれもうけ」と笑って済ませる事態ではない。裁判官も人間だから、はっきりいって、進んでこの苦難に立ち向かうことに生きがいを感じる殊勝な人よりも、これを敬遠したい人の方がずっと多いはずだ。ちなみに、裁判官にとって自分がどの分野の事件を担当するかは大きな関心事で、本人の希望も、（ごり押しで駄々をこねヒンシュクを買った人の例もあるが、）その資質や執務暦と裁判所全体の都合との兼ね合いで斟酌してもらえる。今でも民事に比較すると刑事事件の担当を好まぬ人が多いのだが、裁判員制度がこの傾向をさらに推し進めるに違いない。

ところで、裁判官の中に裁判員制度が憲法違反と考えている人がいても不思議でなく、むしろ当然だが、その人たちは、制度施行後に刑事合議事件の担当から逃げられないと、どういう行動を選択するだろうか。輝かしい司法の伝統の下で独立の精神に燃える裁判官を侮ってはいけない。香川氏と大久保氏も発生の可能性を指摘している事態だが、いくらかの合議裁判所は、内に秘めた違憲判断の核弾頭を具体的事件の手続過程でやおら爆発させ、裁判員の手続関与を断乎排除するかもしれない。

いずれにせよ裁判員制度は、あれこれと問題が多すぎて成功の見込みが薄いと思えるし、各界のＰＲもその甲斐なく、世論調査の結果では事前の評判もよろしくない。だから今からでも、これを維持すべきか廃止すべきかについて各界の法曹が論議を尽くすのが一番だろう。もっとも、制度施行の影響をもろに受ける現職の裁判官たちからは、今の時点でホンネを徴することがむずかしい。自由に物を言えるのは弁護士のはずだが、その旧ボス連中が変なムード論を掲げて制度採用の音頭をとった経緯であり、後継者たちが推進の旗振りをしており、その他大勢の声は、まだほとんど聞こえてこない。

〔11〕弁護士にもっと勉強しやすい環境を

わが大阪弁護士会の新会館の建設工事も着々と進捗しているようで、慶賀の至りだ。私は、この新築に反対の一票を投じ、老齢会員なので建設費用の特別分担も免除されているものだが、竣成後はありがたく利用させて頂くことにする。それで、新会館の運営に意見を差し挟むのはおこがましいといわれるかもしれないが、あえてひとつ注文をつける。それは、図書室のことだ。先だって新会館の施設利用配分予定図面を見たが、図書室に充てる区域が現有蔵書の規模を標準にしたものか狭すぎる。今度の機会に図書室を人的、物的にもっと充実させてはどうだろう。弁護士会の蔵書が貧弱なので、多くの篤学の弁護士は、大阪高等裁判所の図書室を頼りにしているらしい。裁判所は、ありがたいことに弁護士にも蔵書を開放してくれているが、これに甘えているだけでは弁護士会の面目が立つまい。

ところで、大阪高裁の蔵書もそんなに豊富でなく、私の勤めていた新設私立大学のそれよりも貧弱だ。もっとも大阪高裁は、かつてはドイツの戦前の法律書をかなり保有していた。その多くは、石神武蔵元判事と井上直三郎元京大教授の蔵書だったもので、大概埃を被っていたが、昨今は入手困難の有益、貴重な文献も含まれていた。このように過去形で記述しているのにはわけがある。二〇年ばかり前、当時大阪地裁判事だった私は、図書検索のため図書室に足を運んだところ、以前から見覚えのある洋書が多数見当たらない。所在の事務官に理由を問い質したら、「数か月前にたくさん処分しました。」という。その日は引き下がったが、腹の虫がおさまらない。数日後、めぼしい本を処分先から私費で買い取ってやろうと思い、再び図書室に赴き売却先を尋ねたら、「売ったのではなく、焼却したんです。」と答える。それを聞き驚いていると、気配を感じた資料課長がやって来て、「実は、多くの洋書は簿外物件で、利用者が少なく収納場所に困るので、私の一存で焼却処分にしました。」と説明し、次の焼却予定分を並べた書架に私を案内した。するとそこにはドイツ破産法の有名な現役注釈書もある。「君は、これも役に立たぬ本と心得ているのか。」と質したら、彼は、ようやく事の重大性に気付いたのか、狼狽の気色を示した。私はすぐに高裁事務局長に事の次第を告知して早期の善処方を要請したところ、高裁でも事態を重視して事実調査を行ない、資料課長が懲戒処分を受けた。資料課長の上にいた監督、指導係の裁判官も調査の対象となったが、事件加担の確証がなく責任を問えなかったというのが、事務局長が私にした説明である。それはどうも不自然だから、資料課長が裁判官をかばったのが真相ではないかと今でも疑っている。裁判官が事情を知らなかったとしても、監督責任や管理体制不備の問題が残ったと思う。それよりも、不祥事件の発生から私の摘発までの数ヶ月間、大阪高、地裁の裁判官がだれひとり異変に気付かなかったか気付いた人も見過ごしたわけで、諸子の法律学に対する意識の低さが不祥事の背景にあると考え、いたく失望した。そういうわけで、大阪高裁の図書室は、かつてほど充実したものでない。

大阪弁護士会の図書室の現状に話しを戻すが、これは裁判所のそれどころでなく、お粗末極まる。弁護士会には昔から図書室の充実を念頭におくような気風がないのだろう。役員名簿には関係の専属弁護士の名も見当たらないから、蔵書の収集、選択その他の図書室運営についてはっきりした指導原理もなく、投入予算もケチっているに違いない。その結果、蔵書、ことに洋書のそれの貧困は、全く話にならない。書庫にはあまり権威のなさそうな古い英語の本が数冊散在しているだけで、ドイツ語、フランス語の本は一冊もないのだ。個々の弁護士は、執務や勉強のためにいつも通読するわけではない高額の図書を多数買い揃えていては採算が合わないから、大概の事務所の蔵書が貧弱なのは致し方ない。そこで、事件処理のためには安直な書式集やマニュアル本を参考にし、肝心のところは勘に頼る人も多いのだが、しっかり理論構成をするためにしかるべき参考文献に当たろうと思えば、大学等に個人的のつてを辿るほかはないだろう。私も、むずかしい上訴理由書や準備書面を書くために、さいわい当時勤務していた大学の蔵書に頼り、有用な外国の判例や学説を検索、引用することができた経験がある。こんなとき、弁護士会で必要な文献に当たることができれば非常に助かるし、文献の整備が弁護士の向学心を刺激する効果も期待できると思うのだが。弁護士会の選挙が近づくと、先生方は、「弁護士の質的低下を防ぐため研修制度を充実させよ。」などと殊勝なことをおっしゃる。それも結構だろうが、弁護士が主体的に勉強しようと思っても、そのための物的環境が大学や裁判所とは較べものにならぬ劣悪な現状では、法律理論の面で学者や裁判官にひけをとるなといっても無理ではないか。

われわれの法律学では、音楽や数学の分野で天才の独創的ひらめきがものをいうのと違い、ある程度の年季と過去の先人が遺した業績の地道な吸収が肝要だ。ローゼンベルクのような二一歳で証明責任論の画期的名著を出した並外れの先生もいるが、彼は、この本でも豊富な学説、判例の精査、分析を尽くしており、その姿勢を生涯保っていた。「おれは法律の勉強はあまりせんが、年の功で事件の勘所はいつもちゃんと抑えとる。」などと豪語する先生方の法的感覚は、えてして怪しいもので、ちょっと細かい法律理論が問題の事案ではたちまち馬脚をあらわすことになる。ちなみに、近頃の実務家の間では、オーソドックスな方法で法律理論に深入りすることがはやらなくなっている。裁判官の研究成果は、おおむね十年一日の要件事実論や「……事件処理の実情報告」といった類いから脱却しておらず、多くの弁護士は、もっと不勉強で、座右の愛読書たるや相変わらず新法令の入門案内書、書式集、各種マニュアル本の類いである。しかし図書室の文献整備は、基礎理論重視の線で進めなくてはいけない。従来等閑視されていた外国書、ことに法令集、主要法令の標準的注釈書、教科書のまとまった購入は、真っ先に手がけるべき事柄で、これだけでもかなりの意味がある。次の段階では外国の判例集、法律雑誌、これらのCD－ROMなどに進むことが望ましい。近頃の法曹は、総じて外国語の文献をあまり読まなくなっており、「もう外国の学説、理論に頼るべき時代は過ぎた。」という向きもあるが、信用してはいけない。外国書をちょっと読むだけで、永年の風雪に耐えた学説や実務慣行が、実は狭い島国だけに通用しているウソだと気付くことが少なくないはずだし、日本語の文献だけに頼っていては勉強にならない分野がまだまだある。

私は、現実離れの議論をしているつもりはない。図書室の整備に必要な内外文献の選択については、わが大阪弁護士会に有能な人材が豊富だし、必要資金の額も、拡張の規模にもよるが会員の頭数で割ればしれたものだろう。もっとも私の提案は、弁護士会の積年の風潮との間にだいぶんずれがあると思うから、なかなか受け容れてもらえないだろうが。

〔12〕離婚訴訟は厄介なものと心得よ

弁護士は、しばしば離婚事件の処理で苦労するが、大概の原因は、離婚事件プロパーや子どもの扱いでなく、附随の慰謝料や財産分与の問題にある。こうした附随請求を伴う事件では、おおむね当事者が既に別居しており、新しい彼または彼女と同棲している例も稀でなく、とうに夫婦仲が破綻していて、裁判所が離婚請求を棄却することはめったにない。だから、附随請求を伴わぬ離婚訴訟で離婚原因の有無につき省エネ審理をすれば、たいてい早々に離婚判決が言い渡されて確定するはずだ。しかし、それだけでは不満の当事者もいるから、離婚訴訟に慰謝料や財産分与の請求がくっつくわけで、一括して裁判手続を進めると手間が省ける面もあるから、法律もこれを認めている。ところがこれが問題を難しくしているのだ。

離婚請求に慰謝料請求が併合されても、もともと離婚慰謝料とはいわば俗語で、不法行為に基づく損害賠償請求の一形態にほかならないから、請求原因もその線で理論的に整序して記載するのが筋だろう。しかし、この種の事件で多くの弁護士が書いた訴状や準備書面では――裁判官が書いた判決でも――、司法研修所で教わった要件事実論などはどこ吹く風で、実にいろいろな事情がいともムード的に雑然と記載されている。それというのも、弁護士は、依頼者が述べる余計な事情もむげに切り捨てかねるし、要件事実と単なる事情との限界が曖昧で前者を整理して書くことは難しいわりにはメリットが少ない。もっぱら相手方に因縁をつけたり事件を引き延ばすため慰謝料請求を構える当事者にとっては、できるだけ雑多な事実をごちゃごちゃと書き並べる方が得策だという面もある。だから、ワイシャツにキスマークが付いていただの、夕飯を作って待っていたのに酔っ払って遅く帰って来ただの、競馬で負けて大穴を空けただの、ブランド製品を買い過ぎるだの、寄るとさわると油売りで炊事、洗濯をサボるだの、姑としょっちゅう喧嘩をするだの、いろいろと書き連ねたものを読まされるが、どこからどこまでが不法行為なのか分かりにくいものが多い。被告の方も、裁判所が何を重要と考えているのか不明だから、原告の主張に逐一反論し、自分の言い分も負けずにくどくど書き並べる。いきおい当事者本人尋問も長くなるわけだ。

私にも離婚訴訟に併合された慰謝料請求で閉口した経験がある。夫の側の訴訟代理人だったが、その事件では、夫婦の双方が離婚希望で、別居が一〇年以上続き、両名間に子がなく、婚姻関係破綻による離婚原因の存在は疑いようがなかった。ところが訴訟前の調停手続で、相手方の妻は、再三理由なく期日に欠席し、出席した期日では、婚姻の破綻を認めながら、「失われた年月をもとに戻せ」とか「日本の裁判所での離婚はいやだ」とかいろいろ理不尽な言辞を構え、調停委員会と私の前任代理人弁護士を散々愚弄、困惑させたらしく、調停不成立で終わるのに一年半を要していた（調停前置の制度の当否も、ちょっと問題だ）。私は、その後に受任し離婚の訴えを提起したのだが、まず先方の企んだ転居先不明による訴状不送達でつまずき、やがて反訴の提起があり、婚姻継続困難の事由による離婚請求に併せて（調停の席上では「金は要らない」と述べていたのに）慰謝料請求が掲げられていたが、その請求原因の記載は、ご多分にもれず雑多な事実の羅列で、どこまでが不法行為だというのか分かりかねる代物だった。私は、主張の整理、明確化を求めたが、先方の弁護士はひょうたんなまずで、裁判所は何も言わず、期日が空転し一向にらちがあかない。たまりかねた私は、「当事者双方が離婚判決を求めており、既に形骸化している婚姻をだらだら継続させるのは有害無益だから、離婚訴訟と慰謝料請求訴訟を分離し、前者を必要最小限の証拠調べによる一部判決で終わらせる方向で先行させてほしい。離婚請求は、本訴、反訴とも初めから認容の結果が見えており、反訴はこちらの負けで結構だ。」と、反覆、強硬に申し入れたが、裁判所は、相手方のなんだか奇妙な論拠を掲げた分離反対意見に組し、私の要請を頑として聞き入れてくれず、その理由を言わない。日本の裁判所では被告が複数の場合を除き一部判決をしないのが通例だから、異を立てても通らなかったのは当然かもしれないが、判決を二度書く労を省くことで、人民のためよりもお上の都合、具体的妥当性よりも実務のしきたりを優先させる本邦司法伝統の業だろう。ともあれこの事件では、離婚の本訴、反訴請求を共に認容し、慰謝料請求を棄却する第一審判決が言い渡され、そのとおり確定したのだが、控訴審でも、裁判所ができもせぬ和解を勧告し慰謝料につき変な見解を示したので、対応に手間どり、さらに相手方が事件を上訴審まで持ち込んだから、離婚訴訟の本体は至極簡単明瞭な案件なのに、判決の確定で婚姻が解消するまでには訴えの提起から二年半以上、調停申立てからだと約四年半もかかってしまった。

ところで、上記の事件で私の依頼者は、ドイツ人の男性だったが、彼は、第一審係属中に私から訴訟遅延の事由の釈明を求めるため、ドイツから当地の大学に来ている法律学の教授を帯同して事務所に到来した。というのも、彼らにはそれなりの理由があった。ドイツでは、協議離婚、調停前置の制度がなく、離婚のための手続は訴訟だけだが、年間一三三四、五三八件（二〇〇一年）というものすごい数だ。そして離婚訴訟では、異質の損害賠償請求等との併合が禁止されており、至極簡単な証拠調べを経てさっさと判決が言い渡される案件がほとんどで、われわれが日頃体験しているようなチンタラチンタラの審理は稀らしい。だから私は、あらかじめ用意したレジュメで日独の関連法制の違いを示し、「日本の裁判所では離婚請求と慰謝料請求との併合がむしろ常態で、両者の分離は可能だが実例に乏しい。われわれの事件の場合それでは困るから、私は、執拗、強硬に分離を要請したのだが、裁判所は、どうしても聞き入れてくれない。実は憤まんに堪えないのだ。」と弁明した。それで先方の先生は、納得して本人に「あきらめろ」と言ってくれたが、こちらは裁判所への分離申入れ以来全くつまらぬエネルギーの浪費だった。そういった次第で私がいいたいのは、昨今は婚姻も離婚も国際化が進んでいるが、離婚の裁判手続につき法曹人を含む日本人が抱いている観念や常識は、決して世界に通用するものではないということだ。

離婚請求に財産分与の申立てが附帯すると、もっと厄介だ。この附帯申立てについての裁判は必ず離婚判決の中でせよという窮屈な規定があるので（人訴法三二条一項）、慰謝料請求の併合の場合と違い、財産分与の点を後の裁判に留保して先に離婚判決を言い渡すことができない。そして最高裁判所の最近の判例（平成一六年六月三日判決・判例時報一八六九号三三頁）によると、上訴審が原審の判断中の財産分与に関する部分だけが違法で離婚請求を認容した点には違法がないと認めたときでも、原判決の破棄（または取消し）と原審への差戻しは、必ず離婚請求認容部分も含めてせよというのだ。変な感じの結論だからこの判例に反対の評釈者もいるが、現行法の解釈としては筋が通っており、やむを得ないだろう（この部分は、後に改説。本書九九頁）。だから、離婚訴訟を引き延ばすつもりなら、財産分与の申立てを附帯させ、既往の事情を大小取り混ぜできるだけくどくど並べ立て、被担保債務（ことに根抵当債務）の附着で価額算定困難の不動産や時価相場の変動が激しい株式は忘れずに目的財産に掲げ、できるだけ問題を複雑にし、判決言渡後でも財産分与に関する判断部分に破棄（または取消し）、差戻しの種が残り易いように事前の配慮を怠らず、できれば相手方を根負けに追い込み多額の財産分与を応諾させるのが得策だということになっている（「そんなことは常識で、とうに分かっとる。」という先生方も多いだろう）。こういう手にかかるとお手上げしかない。現行法を改正し、裁判所が事案により裁量で財産分与等の附帯処分を後回しにして先に離婚判決を言い渡すことができるものとし、離婚判決と附帯処分が一括してなされた場合でも前者だけの先行確定の途を開く上訴制度の仕組みにすればよい（それを実現している外国の立法例もある）と思うのだが、賛成してもらえないだろうか。

〔13〕あつかましい訴訟追行が横行している

民事訴訟法第二条には、「当事者は、信義に従い誠実に民事訴訟を追行しなければならない。」と、旧法にはなかった文言が掲げられている。私は、制定前に意見照会を受け、こんなことを条文に書いてもさして実務が改善されないだろうし、これまで信義則違反の訴訟追行が横行していたことを告白するような印象で、あまりかっこよくないという回答をしたのだが、規定の趣旨自体にはもちろん大賛成である。

「民事訴訟における信義誠実の原則」は、近ごろ訴訟法学者が好んで取り上げる理論で、有益で優れた論稿も少なくない。その背景には、猿知恵を働かせたあつかましい訴訟追行をする輩がいるという事情があるわけで、彼らは、関係分野における訴訟法理論発展の貢献者であるといえる。わが法制の母法国ドイツは、この分野の猿知恵開発でも先進国のようで、前世紀初頭の文献にも、外国居住者を内国裁判所に訴えるため、その裁判所に被告の財産所在地の特別裁判籍（ドイツ民訴法二三条、日民訴法五条四号）を得させる方策として、被告をぶん殴って原告に対する損害賠償請求権を発生させたり、被告にわざと小額起過大の別口支払請求をして過払金返還請求権を取得させるとか、訴訟救助を受けるため無資力者に請求債権を仮想譲渡して出訴させるとか、なるほどと妙に感心させられる事例がいくつか掲げられている。わが国でも、遠隔地居住者からの手形金取立てに手形記載の支払地も遠方だと、普通は遠くの裁判所に訴えを提起せねばならないから、近隣の縁故者に期限後でもよいから裏書をさせ、彼との関係では訴えの取下げや馴合訴訟を見込んで共同被告に取り組み、近くの裁判所に出訴する（民訴法四条、七条）連中や、理由のない裁判官忌避を繰り返して手続の遷延を図る輩（同法二六条）は、かなりいる。関係法規と信義則を講述するのにこの類の具体例を援用すると、受講者もニヤニヤおもしろがるから、なかなか有効である。私は、ほかにも同系列の手口をかなり知っているが、変な誤解を招いては困るから書き並べることは控える。上述のような奇警なやり方でないいわばオーソドックスな手口もたくさんある。事件の本筋に関連しまたは関連せぬ雑多な事情の主張を繰り返したり、やたらとたくさんの証拠を提出したりして、審理の混乱、遷延を図る輩や、明らかに理由のない上訴や異議申立てを重ねて裁判の確定を遅らせる不届者が多いことは、周知の事柄である。

最近の民事訴訟では、いわゆる「陳述書」が信義則との関係で問題だと思う。関係人が証人尋問や当事者尋問で供述する内容をあらかじめ陳述書に記載し書証として提出する慣行がひろまったのは、私の認識ではせいぜい十数年来のことで、裁判所が人証取調べに時間がかかり過ぎるのを嫌ったことからはじまったものだが、手続効率化の効果よりも弊害の方が目立つ。以前ある弁護士会の集会で、招聘された現職裁判官が、「裁判所に協力的な多くの弁護士先生方がまとまりのよい陳述書を提出して下さるので、ありがたく思っている。云々」と述べたことがある。そこで私は、「弁護士の中には、裁判所の希望、方針に悪乗りし、陳述書の形で自分の方に都合よく事実を歪曲、誇張した作文する人がかなりおり、そのつど相手方代理人の弁護士が困惑しているという事情をご存知でしょうか。」と発問したところ、並み居る弁護士の間から爆笑が沸いた。当の裁判官は、「それはよく知りませんが、そんな場合は弁護士会の内部規律で処理してはどうですか。」と苦しい返答をした次第で、ちょっと気の毒であった。弁護士会が信義則違反の訴訟追行を厳に取り締まるのは結構かもしれないが、これで懲戒処分を受けた弁護士の例もないと思うから、まずは現実離れの議論だろう。

うちの事務所も、大方の例に漏れず陳述書の濫用に振り回されたことがある。短期間で婚姻が破綻した案件の離婚訴訟で妻の訴訟代理をしたのだが、提出された夫の陳述書たるや、全文なんと数十頁に及び、新婦の意向による結婚披露宴の演出がミーハー趣味だった。結納金の割に嫁入り荷物が貧弱だった、新婚旅行中、新居生活中の言動がつれなかった、テンヤ物を食卓に載せることが多く卵の目玉焼きもうまく作れなかった、妻の母親の言動があつかましかったなど、本筋から離れた事情をくどくど書き連ね、閨房での経過など肝心の点についてはウソが一杯で、いとも低次元の扱いにくい書面だった。それでわれわれは、夫に対する反対尋問の準備にあれこれとずいぶんエネルギーを費やしたのだが、尋問施行の直前にまたぞろ詳しい第二の陳述書が提出され、面食らった。それでも、当事者双方の尋問に力を注いで反撃にかなり成功したつもりでいたところ、なんと次の期日に、夫の法廷での供述を大きく補正した第三の陳述書を提出してきた。なりゆきで当方は、「反対尋問回避の信義則違反だ。」と抗議したのだが、のれんに腕押しで、相手方代理人と裁判所からはなんの反応もなかった。

別の事件だが、当事者本人の長文の陳述書が書証でなく準備書面の一部をなす末尾添付の書面という形で提出されたことがある。もっとも、その記載内容は証拠の裏付けがなかったから、空鉄砲になると思い放置しておいたところ、先方の訴訟代理人は、当事者尋問の過程でちょこんと、「この陳述書は、全文あなたが本当のことを書いたものに相違ありませんね。」と包括的な誘導尋問をしてきた。さすがにその際は、裁判所も私の異議を容れて発問を撤回させたが、こちらが黙っていたら陳述書の記載が事実認定の用に供されていたかもしれない。

いずれにせよ、「陳述書」の弊害には然るべき対策が望ましい。当事者、弁護士の良識、自制にまつというのではだめなことは、分かりきっているし、訴訟法学者も、いい知恵を提供してくれていない。然るべき立法で、陳述書の提出にもっと制限を加えるか、提出してもあまり得にならぬ手続構造にするしかないのだろうか。残念なことに、私にはさしあたり具体的良策の知恵がない。

〔14〕近頃の若い者は、勉強が足りん

学生時代、大きな東大の三一番教室に入る度に、壁面に高く並び掲げられている穂積陳重、富井政章、梅謙次郎、土方寧、岡野敬次郎といった法学界大先達の肖像写真を仰ぎ見たのを思い出す。いずれも立派な髭を蓄え郵便切手やお札にもふさわしい堂々たる風貌で、これら大先生がフロックコートや羽織袴姿で教壇に臨み、紫の風呂敷から取り出した分厚い背皮装丁の洋書を卓に置き、エヘンと咳払いをしてやおら講義をお始めになると、さぞ厳かなものだったろう。その論述も、「這般（シャハン）ノ點（テン）ノ法理ニ關シテハ學説上争アリ。……、將又（ハタマタ）……云々トノ反對説有力ナレドモ、……ト解ルスヲ以テ尤モ（モットモ）正鵠（セイコク）ヲ得タルモノト信ズ。ヱルトマン氏余ト同説ナリ。」といった調子で、要するにヱルトマン先生やシュタイン先生の説の受け売りだったにせよ、内容、表現ともに貫禄十分だった。今時の学者は、読んでニタッと笑うだけでなく、大先輩の簡潔な文章に緊張感とリズムが備わっていたのをよく見習うべきだろう。

しかし、今や大学教授の権威と貫禄はがた落ちで、私も一一年間その地位にあったが、教師の

風体といえば、ジャンパー姿の金正日よりもラフなのは当たり前で、和服の着流しもいた。外見はさておき、もっと大切な中身の方も問題で、そもそも今のように大学が乱立し教師の月給が安いと、大学間の格差はあるにせよ、優れた人材が大勢集まるはずがない。私も、助教授から教授への昇進や新規教員採用の人事で論文審査に当たり、恩師の説の引き写しにすぎぬもの、本題に隣接した関連領域の法理をよく理解していないもの、思考過程と論理構造がなんとも不自然なもの、基本概念に不適切で奇怪な訳語を充てているものなどに接し、再三がっかりした経験がある。(それでも学部の実情から不合格の意見は出しかねた)。また、司法試験をめざす大方の学生は、大学よりも受験予備校の講義の方に熱心であるらしい。その主な原因は、大学での教育目的やカリキュラムが司法試験の実情に適合していないことにあるようだが、大学教師自身にも反省の余地があるだろう。最近はあまり学生向けの本を読んでいないので、すべての体系書がそうだとは断言できないが、若い先生方の書いた若干のそれを瞥見して、簡潔、平明から程遠い文章表現のもの、ある個所では偉い人、偉くない人の所説をやたらと並べ独自の比較論評に多くの紙面を費やしながら、他の重要な箇所では記述が平板、粗略なもの、引用文献の選択に偏りがあり、内外の重要な学説の参照がおろそかでないか疑問のもの、実体法の本で手続法に関連する部分の論述が弱いもの、などが気になった。大学教師というのは何をやってもとやかくいわれぬ結構な身分で、その昔、毎回の講義の冒頭に拍手を打って「彌榮(イヤサカ!)」と叫び学生に唱和させ、高天原(タカマガハラ)から伝来の

「大日本帝國憲法の根本義」を説いた有名な先生もいたが、今も、基本法の授業時間に解釈論はそっちのけで、独自の高遠な（?）法哲学をぶって悦にいっている人もいると聞く。

そういうことで、大学でサボっていても予備校ではせっせと勉強し、四苦八苦の末めでたく司法試験に合格した司法修習生の出来が芳しくないことなどから、先年法科大学院の制度が発足したのだが、早々にマイナス面が評判の悪い法曹増員三、〇〇〇人体制とコンビで喧伝されているのは、困ったものだ。私は、法科大学院の内情に暗いので恐る恐るいうのだが、多くの大学院で教員が優れた人材ばかりではないらしいこと、理論と実務の架橋の名において、（ことに法学未修で採用の）院生に対するオーソドックスな基本法の理論の教育が手薄のようであること、院生に修得させるのが相当の課題はたくさんあり、そこで主体的な研究意欲を培うことが肝要と思うのだが、民事に関しては、司法研修所流の（私見では些か偏向している）画一的な要件事実教育を別格で重視するのが一般らしいこと、などが気になる。若い法曹の学問的水準が今までよりもぐんと上昇する効果は、もともと誰も期待していないところだと思うが、淋しいことではある。要するに本邦法曹社会年来の伝統に基づく、官に就いては先輩から伝承の型をひたすら後生大事に守って事件を処理し、野に在っては書式集とマニュアル本を座右の書とする、ステレオタイプの法曹の量産ということなのだろうか。

最近は実務家も、学者に伍して積極的に法律学の研究に参加し、著作や論稿を公にしているのは喜ばしいが、欲を言えばもっと自分の頭で法律の勉強をしてほしい。大方の記事は、どちらかといえば通り一遍の現状追認型で、例えば、特定課題につき判例や実務の大勢を詳しく紹介するのは結構だが、問題によってはあってしかるべき理論面からの批判、論評が欠落しているか曖昧なものが多く、読後に消化不良感が残る（もっとも近頃は大学関係者の間でも、法律学の基本理論に関し外国の文献もよく読みオーソドックスな方法で探求することは、昔ほどはやっていないようだ）。私の加入している民事訴訟法学会での裁判官の研究報告項目は、近頃毎回のように「近時における何々関係事件処理の実情」だし、弁護士からは報告そのものがほとんどない。もっとも弁護士の不勉強については、弁解の材料に事欠かない。日々の手持ち事件処理に追われていること、勉強の成果があまり収入に繋がらないこと、大概の事件では、先輩諸先生のやり方にならい、裁判所の敷いてくれたレールに沿って勘と経験に頼り適当に手続きを進めれば、おおむね変な結果にならないですみ、一生懸命理屈をこねるのは青二才の業であること、法律問題の調査のため殊勝に内外の文献に当たろうと思っても、（私が本誌の旧号で触れたように、）弁護士会の図書室の蔵書はなんとも貧弱で、どうにもならぬこと、などなどである。「まあそれでもいいじゃないか」と、口には出さぬが考えている先生方も多いと思うが、進歩がなくておもしろくない。気になることがひとつ。弁護士会も近頃は会員の研修に力瘤を入れているが、題目といえばたいてい流行を追った当世向きのそれで、伝統的な法律学の基本理論がめったに見当たらないのは、ちょっと変ではないのか。その指導にふさわしい人材は、わが大阪弁護士会にも豊富だと思うのだが。標題では「近頃の若い者」の不勉強を掲げたが、弁護士の世界では、むしろ先輩お偉方の諸先生の側に問題があるようだ。

妄言多謝。

〔15〕医師と裁判官の社会的常識

内閣総理大臣の麻生太郎氏は、過日「医師の中にはかなり社会的な常識が欠落した人が多い。」と口を滑らして物議をかもした。これは、麻生氏自身の体験に基づくホンネだったと思うが、いうところの社会的常識の欠落とは具体的にどんな点を指すのか、その指摘が当っているのかどうかは、私には分からない。それにしても、首相の地位にある人の発言として些か軽率だったことは否めないが、かつて同氏の祖父に当たる吉田茂御大が、首相在任中に時の東大総長南原繁氏の言説を「曲学阿世」と、労働運動の指導者たちを「不逞の輩（フテイノヤカラ）」とこきおろしたのと較べれば、目くじらを立てるほどのことではないだろう。もっとも、われわれ法曹人の間にあまねく広まっている評判では、「医師」は、「教師」、「僧侶」と並び、なんとも「度し難い」構成員が多い人種だということになっている。その趣旨は、「この人たちの民事紛争事件における言動がしばしば自己中心的で寛容と柔軟性に欠け、和解もむずかしい」ということだが、この三者が、いずれも日頃世間であまり他人に頭を下げなくてもよい結構なご身分だという構造的原因に基づくものだから、批判しても効果は期待できない。だから、法曹の方があきらめるべきで、医師の先生方も、こんな評判は聞き流しにして医療に精進したらよいだろう（ついでながら、「中年以上の女性」も似たような系列の扱いにくい人種ではなかろうか。さらに、われわれの同業者「弁護士」もそうだという意見もある。もっともこの両者については、医師や教師の場合と違い性格形成をもたらした社会的原因の解明が困難だが、矯正困難という点では異ならない）。

ところで、麻生氏が一部の医師に加えた「社会的常識の欠落」という論難は、昔からしばしば裁判官に対しても向けられている。もっともその趣旨は、医師や教師のそれと違い、所属組織の内外における言動の合理性を云々するのではない（この点が問題なら、裁判官よりも私の旧職大学教師の中にずいぶん変な人が大勢いる）。昨今の司法制度改革審議会（司法審）での討議などによると、「多くの裁判官、ことに（かつての私のような）司法修習生から直通で判事補になった経歴の人たちが、官僚支配のエリート教育に毒されており、世間知らずで庶民の心情を理解していない。」ということのようだ。本当にそうなら偏向した裁判の横行に繋がり由々しい問題だし、たしかにキャリア裁判官による非常識な判決の実例もままあるから、この批判が全く実態に合わぬ謬論だと斥けることはむずかしい（もっとも私の過去の知見によると、いろいろな点で変な判決の例は、むしろ弁護士出身の裁判官に目立っていた）。ただし、世の裁判官不信論は、大概いわゆる進歩的ジャーナリズムや弁護士筋からのもので、なかなか論旨明快で威勢のよい議論だから俗耳に入り易いが、多分にムード論の色彩を帯び、しばしば誇張した、時にハッタリと思われる表現をもって唱えられている。だからこの種の議論は、多かれ少なかれ割引きして受け取り、内容的に偏向していないかどうか冷静に検証することが必要だ。「官僚支配司法の諸悪の根源は、判事補制度だ。」「本当に（キャリア）裁判官というのはどうしようもない……われわれの意思を理解する力も能力もない。」という司法審での中坊公平委員の発言は、こうした過激な批判の典型例だろう。

私も裁判官不信論者だが、視点が少々異なる。一番の問題点は、平均的裁判官について、しばしば人民よりも裁判所本位の姿勢で事故処理に当たり、昔からの（かびの生えた不合理なものも多い）実務慣行に盲従して主体的に法理を究明することを怠り、事案の内容に適合した裁判の方向を探求するのでなく、むしろ逆に従来の裁判の型に事実を押し込める傾向が見られることだと思う。だから、キャリア裁判官嫌いの先生方の意見とは違うかもしれないが、法曹の卵のエリート教育や若い裁判官の研修は、今までよりも徹底して推進すべきで、そこでは高度な法理論の修得と主体的な研究意欲の促進に一層の重点をおくことが望ましい。また裁判官は、常に独立不羈の気概を保ち、事件処理に当たっては、（実務でよく見られる）裁判所本位に偏した便宜主義の手続運用を排し、実体面では、感覚的な利益衡量や主観的で安直な筋論に惑わされず、権威のある理論に準拠することに徹し、千差万別の事象の中に位置する具体的事実をあるがままに視て、これに適合する理論構成を探求し適用することに努めるべきだろう。そうすれば結果的に、バランスのとれた社会的常識にそう公正な裁判の実現に繋がるものと信ずる。

ところで、職業裁判官に対する上記の資質批判は、近時あらぬ方向に飛び火し、一般の素人が裁判官と対等で刑事裁判に関与する裁判員制度なるものが、実際に動き始めた。裁判員法第一条には、これが「司法に対する国民の理解の増進とその信頼の向上に資する」という、なんとも不思議なコジツケが書いてある。詳しくは述べないが、この制度には、憲法違反の疑いが濃厚であるほか、とてつもなく厄介な問題点がゴマンとある。最高裁判所、法務省、日本弁護士連合会の三者が昨今珍しくも協力して制度推進のＰＲに懸命なのは、ご同慶の至りだが、いずれ遠からず、制度に内在する様々の問題点が具体的裁判事件の手続過程で火を噴き、大騒動が頻発するに違いないと、覚めた境地で予測している。ことに少なからぬ弁護士は、担当事件の手続内でやおら「待っていました」と制度違憲論を立ち上げ、裁判所に否応なしの対応を迫るだろう。違憲論を採る裁判所が、関係人の申出をまたず手続と評議から断乎裁判員を排除して判決をする事態が生じても、おかしくはない。裁判官は、刑事訴訟法や裁判員法といった末端の法律ではなく、まずは違法を尊重し擁護する義務を負っているのだ。裁判員が裁判所の内外で困った行動に出ることもしばしばだと予想されるが、これを制御することも至難だろう。それにしても私は、裁判官在職中こんな厄介な制度（大半の現場裁判官も、ホンネではこれに反対のはずだ）がなくてよかったし、弁護士登録後も刑事事件には無縁でいるから、後輩の法曹諸子には申訳ないが、事態の推移を外野席から静観させて頂くことにする。

〔16〕私の法律学遍歴

一　自慢にならぬが、私が法律家になったのはいわばなりゆきで、もともと確個たる目的意識があったものではない。

小学校では抜群の成績で、先生ができない算数の難問を独自の方法で解いたりし、自分で神童のつもりだったが、中学校に入ると、もっとえらい神童が大勢おり、ことに理数科の成績がさっぱりで、高校（旧制）進学直前の席次は、後ろから数えた方が早かった。高校でも、数学が「丁」だったこともあり、これは文科生なので平気だったが、他の科目でもそこそこの成績しかあげていない。大学の法学部に進んだのは、どの分野にも格別の才能がないとすれば月並みに活きる途を選ぶしかないと考えただけのことで、それも法律、ことに訴訟法はむずかしくて殺風景だと聞いていたから、政治学科を選んだ。ところが、だんだん法律学の勉強が一番性分に合っていそうな気になり、単位にならぬ訴訟法も聴講し、ついでに高等試験司法科試験（司法試験の前進）もダメモトで受けてみようかということで、俄か勉強を始めた。そのうち、「会社という組織に埋没して、没個性の大学で学んだ勉強から無縁の労働に服するのはいやだな」という気持ちが高まり、筆記試験に合格した時点では、「いっそ法曹になるか」と考え出した。ただし、口述試験終了後最終合否発表前に帰郷して、おやじがコネをつけてくれた会社の採用試験を受けた経緯がある。そして前の晩両親に法曹志望の真意を打ち明けると、おやじは当初賛成を渋ったが、おふくろが、「住夫は言い出したらきかん子だから、好きなようにさせんとしょうがないよ。」と説得してくれ、私の方向が定まった（その晩私は両親に、「会社での面接の際にウソはいえないから、質問を受けたら「司法修習生が第一志望だ」とはっきり伝える。最終合格が判明したら、すぐ東京から会社に入社志望撤回の電報を打つ。」と告げたら、おやじは、それは失礼だし、わしの立場もない。入社志望の撤回は、わしが社長の宅に行って伝える。」と意見した。そこで私は、面接の際に受けたこの点の質問に対し、おやじの顔を立て「法曹界でなく当社が第一志望です。」と答えたが、これは、わが生涯における一大汚点の不誠実行為である。おやじの方は、私から最終合格を知らせる電報を受け取ると、約束どおり社長の宅に赴き「これこれしかじか」と断ってきて、あとで「わしは言い訳に困ったぞよ」と述懐したが、これは自業自得とはいえ、ちょっと気の毒であった）。

二　司法修習生の修習を終えると判事補になったが、民、刑、家裁のどの分野に進みたいという格別の目的意識もなく、学者の才覚はないと思っていたから、法律学の論文執筆などは全く念頭になかった。ところが、任官後五年目からの四年間神戸地裁の強制執行、保全処分等の専門部で執務したことが、将来への転機となった。執行、保全は、日々新しい理論上の問題点に遭遇するがあまり日の当たらぬ分野なので、裁判官の間では敬遠する向きが多いけれども、私はちっともいやでなく、よく勉強ができた。判事補の私が四年間もこの専門部にいたのは、裁判所の事務配分として異例だが、毎年春の事務分配変動期の度にこの部で同僚の転勤や困難大規模事件の係属などの事情が生じ、私も異存がなかったので、据え置きになった経緯である。次いで松山地、家裁に転勤して判事補任官一〇年目に、司法研究員になり半年間実務を離れ東京で既往の実務経験に基づく仮差押え、仮処分の研究に従事した（本当のことをいうと、この司法研究を志願したのには、夏目漱石の坊ちゃんと同じで、松山の土地柄、同室のうっとうしい判事に代表される庁内のケチで垢抜けせぬ空気が肌に合わず、暫くここを離れたいという不純な動機もあった）。その研究報告書（「仮差押え、仮処分に関する諸問題」）が私の処女論稿だから、普通の研究者よりも出発がかなり遅い。読み返すと、今では間違っていると思う論議や稚拙な筆運びも多いが、現行家事審判制度に対する思い切った違憲論を含む消極的批判を書いていることから、有名な最高裁大法廷の夫婦同居、婚姻費用分担の審判の合憲性に関する決定に先立ち、調査官の調査報告書の添付資料として全裁判官に配布された経緯がある。

その後はほどなく大阪に転勤してからは、研究会などで先輩の裁判官や近傍の大学教授達と交流する機会が増え、民事訴訟法研究者の枠組みに入れられたらしく、論文や判例批評の執筆依頼を受けることが多くなり、そのつどなるべく断らない方針でこれに応じてきた。定年の約一年前に裁判所を辞めて弁護士の登録をし、それ以来ずっと今の事務所にいるが、登録二年目から一一年間の姫路獨協大学教授（民事訴訟法担当）時代を含め、事務所に蔵書を置いて細々ながら勉強と執筆を続けている。取り扱ったテーマは、判決手続、強制執行、保全、非訟事件と多岐にわたる。いずれの論稿も、実務の手引きや受験勉強向きには書いておらず大した出来ばえでもないから、読んでくれた人はあまり多くないはずだが、私としては安易な妥協を避け論旨を明確に表現する方針を貫き、精一杯考えて執筆してきたつもりである。老齢ともなれば心身の機能低下は避けられず、ことに昨今頻繁に施行される新法令などについてゆくのはちょっと骨が折れるが、基本的な法律問題に対応する思考能力は、さほど衰えていないと自負している。

三　ありがたいことに、法律学は、格別の英才でないそこそこの者でもとっつける学問だ。たしかにシュタインの『強制執行の基本問題』やローゼンベルクの『証明責任論』をひもとくと、先生方がわれわれとは次元が違う偉い学者だったと思い知らされる。しかしこれらの大家も、(比較するのは間違いかもしれないが、)レオナルド・ダ・ヴィンチ、モーツァルト、アインシュタインほどの天才ではなかったはずだ。私のような鈍才でも、大学者の著作をじっくり読むとかなりの程度までは理解することができ、まるで近づけないわけでもない気がする。ただし法律学は、過去の先達がものした業績の蓄積を基礎とする学問だから、研究者は、鈍才、英才を問わず、地道に文献を読んでその時点でのオーソドックスな理論の吸収、理解に努め、まずはこれを推論のきっかけとすることが肝要だろう。そう思って私は、周囲からおだてられるままにあつかましく、しかし独善を避けるため、できるだけ多くの文献から正統な理論を探求し、これから慎重に個別の問題にあたり推論する方法を貫き、法律学の研究と著述を半世紀近く続けてきたわけである。もっともその成果に対する評価は別問題で、私の齢喜寿を過ぎて上梓の体系書『コンパクト民事保全法』（二〇〇二年、法律文化社）、傘寿を過ぎて上梓の論文集『訴訟と非訟の交錯』（二〇〇八年、信山社）は、いずれも売れ行きがすこぶるよろしくない。うちの事務所の津田禎三弁護士は、「戸根さん、悲観することはない。あんたの理論は、きっと死んだ後に高く評価される。」と慰めてくれ、ありがたいようでちょっと複雑な感じがした。

四　これからさきは、年寄りの特権を利用した些か差し障りがある記述である。

私は、永年にわたる実務経験と法律学研究の過程で、わが国の裁判実務と文献には独自の臆断とマンネリズムが蔓延していると見ており、このことを数次の論稿でも指摘してきた。その例は多いが、ここでひとつだけ掲げる。仮差押え、仮処分命令に訴訟費用の裁判を掲げる必要があることは、至極当たり前の法理で、ドイツでは数十年も前に消極説が完全に克服され、その後は実務、文献を通じ積極説で一致している。ところがわが国では、この点の裁判の脱漏を看過する扱いが今なお惰性で実務を支配しており、これに追従する諸家の記述は、読めばすぐにわかるが、どれも不徹底で筋の通らぬ法律論（?）である。多くの研究者、ことに実務家は、あまり外国の文献を読まないため井戸の中の蛙と化し、また、自分の頭で事理を考えることとを怠っているから、カビの生えた実務慣行や俗説の虜となっているようだ。それで昨今は、判例、学説を豊富に引用した詳しい論稿でも、標準的な権威のある文献を看過または度外視しているらしいものが見受けられ、主体的な思考過程もあいまいで、記述の重厚さと説得力に欠けるものが多いように思われる。

とはいえ大方の実務家は、研究のための物的環境に恵まれていない。身近に利用し得る高水準の文献が乏しいのである。だから私なども、（「変わり者の趣味」と見る向きが多いことは、重々承知しているが、）しばしば高額の洋書を購入し、手許にない文献に当たるためには大学の先生方の好意にすがっており、また、自分の蔵書を同僚の研究者に貸してあげたこともある。これは、大学関係の学者との大きな違いで、その経歴もある私がつぶさに実感したところだ。そこで私は、以前、多数の会員を擁し優れた人材の輩出を誇るわが大阪弁護士会が、それらしく図書室の蔵書、ことに洋書部門のそれを飛躍的に拡充してはどうかと訴えたのだが、一般の先生方との感覚とはだいぶんずれがあるらしく、犬の遠吠えになっている。しかし、何も無理な注文をしているつもりはない。試みに過日の定額給付金一律一万二千円を裏返したような素朴で雑駁な提案をあえて示すと、弁護士全員から一律一万円の臨時会費を徴収することでも、当面かなりの図書が買えるはずで、あとは通常の継続的経費で賄えばよいだろう。ドイツ法についていうと、法学部のある大学なら大概所有していると思うが並の法律事務所や弁護士ではとても買い揃えかねる、シェーンフェルダー、ザルトリウスの法令集、連邦最高裁の判例集、マウンツ＝デューリッヒ（基本法）、シュタウディンガー（民法）、エルトマン（民法）、パーラント（民法）、シュタイン＝ヨーナス（民訴法）、バウムバッハ（商法、民訴法)、ミュンヒェナー・コンメンタール(民法、民訴法)、カイデル(家事、非訟法)などの注釈書、エンネクツェルス(民法)、ラレンツ(民法)、ヘルヴィッヒ(民訴法)、ローゼンベルク(民訴法)などの体系書、NJW、ZZPその他の法律雑誌などを、とりあえず購入の対象としてはどうだろうか。そうすると、篤学の士はきっと喜ぶし、もっぱら書式集、各種マニュアル本の類を座右の書とする先生からも、刺激を受けて向学心を抱く人が出ると期待できなくはない。あらためて読者諸子の賛同を訴え、かつ役員の先生方にお願いする次第である。

〔17〕年寄りの時流に反する意見にも耳を傾けよ

一　近頃の民事裁判実務の教育には、どうもなじめぬ風潮がある。

裁判官在職中こんな体験をした。公正証書に基づく強制執行にかかる請求異議訴訟事件だったが、訴状には、

「本件の公正証書には、『原告は被告にしかじかの契約に基づく何円、弁済期何年何月何日の金銭債務を負担し、不履行のときは直ちに強制執行に服することを認諾した。』と記載してある。そこで、この証書に基づく強制執行が許されないとの判決を求める。」

とあるだけで、何故そういう判決を求めることができるのか、「原告はそんな契約をしていない」とか「その債務は既に支払済みだ」といった異議事由は、全く記載されていない。変な感じだが、こういう流儀の書き方には有名な味方がいるのだ。司法研修所民事裁判教官室が著した『民事判決起案の手引』という司法修習生座右の書がそれで、債務名義が公正証書のとき請求異議訴訟の判決と訴状で請求原因に異議事由を記載しない模範文例をはっきり示しており、（後に触れる）もっとも

らしい理由を添えている（同手引一〇訂別冊『事実摘示記載例集』一九頁以下）。しかしなんとも奇怪な見解で、民事執行法三六条一項の文言に矛盾していると思うし、原告がこういう訴状を出して無権代理とか弁済とかの異議事由を意識的に封じておけば、被告はまともに反論するのに窮するが、黙っていると裁判所は、異議事由の存否につき審理、判断をするに由がないけれども、訴状の請求原因には記載漏れがないというのだから、そのまま請求に関する異議を正当として原告を勝訴させたらよいという、不思議な筋書きになりそうだ。私は、もちろん躊躇することなく原告訴訟代理人の若い弁護士に、「異議事由を具体的に主張して下さい。」と釈明を求めたが、司法研修所で優等生だったらしい彼は、けげんな顔をして「その主張は、要らないはずです。」とくってかかってきた。なりゆきでやむなく私は、「そういう説があることは、重々承知しています。ただし裁判所は、その見解を採っておりません。」と切り返したという経緯である。

私は、この『起案の手引』を拾い読みしただけだが、ほかにもおかしな記述がいくつかあると思う。気付いた誤謬の例は、建物賃貸借契約終了による明渡義務不履行期間中の「賃料額相当の」損害金請求を、（「履行遅滞に基づく遅延損害金」という適切かどうかちょっとわかりかねる表現の名目で、「原告が目的物の使用、収益権を有する所有者だ」といった主張を欠いたまま、）漫然肯定している箇所だ（前掲別冊一〇頁）。（ちなみに、同書が提案している事実摘示記載例の細切れ文体も、「あまりスマートでないな」と感じた）。

二　債務名義が公正証書のとき請求異議訴訟の判決と訴状で請求原因に異議事由を書かないのは、司法研修所民事裁判教官室が年来司法修習生の指導指針としてきたいわゆる「要件事実論」に由来している。この理論は、同教官室の秀才達が中心となり多年進めてきた論議の結晶で、諸家の努力により逐年精度を高めているものだから、私ごとき者がその内容を紹介してきちんと論評することは、とてもおこがましく、もちろん本雑文はその場ではない。そこで諸家にはたいへん失礼であるが、私の印象をかいつまんで率直に述べると、この理論は、法曹が実体私法の内容を実際の訴訟の場に関連づけて分析、理解することの重要性を教えている点で、それなりの功績をおさめているけれども、難解で司法修習生を悩ませているわりには実務に適用した場合の結論に問題があると思う。

それというのも、総じて論理がすこぶる硬直で独自の杓子定規の推論を貫くあまり、われわれの常識と感覚に合致しない偏向した立論が見られるのである。ことに複数の反対論者（中野貞一郎氏、前田達明氏、松本博之氏など）が指摘し私もおかしいと思っている点だが、要件事実論の支持者達は、証明責任の分配に関する通説である法律要件分類説が誤りだとはいっていないけれども、これを極端な形で――おそらく誤解して――推し進め、主張責任の帰属と証明責任の帰属とが例外なく一致するという臆断を不動の前提に置いていることから、どんな案件でも請求原因と抗弁には相手方が証明責任を負う事実を書く必要がなく、むしろ書かないほうがよいと断定しているのだ。

具体例を示すと、

イ　前述のとおり債務名義が公正証書のとき請求異議訴訟の判決と訴状には、（原、被告間の契約、執行認諾、公正証書作成嘱託の事実などは被告の証明責任事項だから、被告がこれらを抗弁に援用したときにはじめて、原告が無権代理や弁済の再抗弁を出せば足りるという論理で、）請求原因に異議事由を書かず、

ロ　原告が履行遅滞に基づく損害賠償を請求するのに（民法四一五条）、（債務の履行は被告が証明責任を負う抗弁事項だから、）はじめから被告による債務不履行の事実を主張することはよけいで、主張があっても判決中の請求原因摘示には書かないのがよく、

ハ　原告が無権代理人に対する履行または損害賠償を請求するのにも（民法一一七条一項）、（代理権、追認は被告が証明責任を負う抗弁事項だから、）訴状には被告が代理権を有しておらず追認も得ていないという事実を書かない、

という、なんとも奇妙な結論を導き出している。むしろこれらの案件で論者が「書かないのがよい」としている事実こそ、原告が請求の筋を通すために一番「書かないといけない」事実ではなかろうか。

はっきりいってこの要件事実論は、決して学界で権威を認められているオーソドックスな理論ではない。かのローゼンベルクが一一〇年前に創始提唱した当時画期的な証明責任論は、版を重ね

数十年を経てわれわれも信奉する権威のある通説となった。本邦独自の要件事実論は、諸家が大先生の理論の向こうを張ろうとがんばっているものかもしれないが、なかなか同じようにはいかないだろう。またいっても困る。

三　上述の次第で私は、司法研修所流の要件事実論をあまり高く評価していないのであるが、問題は、この理論の修得が法律実務家に有益ないし必須だとする意見が近年広まり、だれが言い出したかは知らないが、司法制度改革審議会の最終意見書でもこれを推進しているので、関係の講義等が、司法研修生だけでなく法科大学院生のカリキュラムでも格段に重視され、多くの時間を占めているらしいことだ。

(一)　司法修習生や法科大学院生の教育には、かれらの自主的な研究意欲をそこなわぬよう慎重に配慮することが肝要だ。だから、実務に役立つ思考のガイダンスとして一律全員に修得されるにふさわしい理論を選び出すのは至難のはずで、もしその要件を充たすものがあるとすれば、あくまでも既にあまねく権威が承認されているオーソドックスな理論に限られるだろう。諸先生は、遠慮してあまりはっきりいわないけれども、司法研修所流の要件事実論には、実体法学者と訴訟法学者の双方に反対の人が少なくなく、実務家の間でも抵抗感を覚える向きが多いはずだから、その資格に欠けると思う。

この理論をわれわれの世代が昔教わった国定教科書さながら標準的な権威があるものとして教

示し、その修得の度合いで初学者を評価することは、――ことに近頃の若い人は利巧で素直にすぎるから、――かれらを偏狭でいびつな方向に導き（現に私は、周辺の秀才型法曹にいくらかの具体例を見ている）、さらにステレオタイプの法曹の量産につながり、前途有為の人材から思考の自主性を奪うおそれがある。

(二) 理論と実務、実体法と手続法の架橋は、もちろん有能な法律実務家の養成にとって重要なテーマだけれども、そのために司法研修所流の要件事実教育が不可欠、最適とは思えない。代わりになる最良の教育案を具体的に示す自信はないけれども、外国では同じ方向をねらい伝統的に実施され実効をあげている別様の法曹教育もあると聞いているから、その導入採用も考慮したらよいだろう。

ちなみに私は、現下の裁判実務で上述の点の断層に問題があるとすれば、その原因の第一は、わが国では民法学者と訴訟法学者の分業が異常に徹底しているので、「民法学者の訴訟法知らず」の現象が顕著であること、第二は、実務家一般の通弊として理論探求の怠慢と慣行盲従のマンネリズムの傾向が見られることだと考えている。課題は、むしろ法曹教育以前にあるのだ。

(三) 要件事実論の教育が、法律実務家の作成文書に理論的に整序された文章構成を求めていることは疑いなく、この目的設定は、もちろん正しい。しかし、私が現実の事態を見たところでは、『判決起案の手引』が永年推進した、判決の事実摘示において、請求原因、抗弁、再抗弁、再々抗弁、――、これらに対する答弁の区別を必要以上にぎこちなく標題を附して明示し、原、被告の主張をそれぞれ番号付きで細分してキャッチボールさながら交互に記述する、なんとも文章の流れが悪い垢抜けせぬスタイルが近頃少なくなったのは、よいとして、）何が原因かはよくわからないが、この教育が十分な成果をあげているように思えない。

要件事実教育の呪縛から解放された若い弁護士達の書いた訴状や準備書面を見ると、（判決書にも例が少なくはないが、）昔と同様、実体法の条文の読みが浅く、摘示事実が全部肯認されてもそれだけでは請求や抗弁が成り立たぬもの、頭の整理の不十分や筆運びの拙劣が原因で、摘示事実から理論構成をしかと把握しかねるものが、なんと氾濫していることか。請求、抗弁の成否に関係のある事情、ない事情を無秩序に書き連ねた文書も稀でない。また、司法研修所流の要件事実論を採るにせよ採らないにせよ、判決書や訴状で請求原因に必須の事実を的確に選択摘示するには、具体的案件の訴訟物が何か（物上請求権か債権的請求権か、債務不履行をいうのか不法行為をいうのかなど）をしっかり把握し、表示することが前提となるが、近頃の法曹の作成文書でもこの点の配慮が足りず、複雑な事案で、（ことに原告の事実主張が訴訟進行、審級移動に伴ない変化して訴えの変更の成否が問題となったりすると、）論理と記述の混乱している例にしばしば遭遇する。

㈣　私は、法科大学院と新司法試験を経由した法曹について、先輩たちよりも能力が劣るというわさが本当かどうか、よくは知らない。もし本当だとすれば、短い研修期間に要件事実論への肝いれが過剰なため、他の理論と実務の修得が犠牲になっていることも一因ではないか。

いずれにせよ、司法研修所流の要件事実論の教育には問題が多すぎる。この理論が抜本的な修正を経てひろく各界から権威が承認されるものに成熟することは、とても期待できそうにない。だから、これを司法修習生と法科大学院生のカリキュラムで必修とすることは、きっぱりとやめにしてほしい。

〈著者紹介〉

戸根住夫（とね すみお）

1924 年 7 月 22 日生まれ
1949 年 3 月　東京大学法学部卒業
1951 年 4 月～ 1988 年 4 月　裁判官
1989 年 4 月～ 2000 年 3 月　姫路獨協大学教授
1988 年 5 月～　弁護士（大阪弁護士会）

〈著　書〉

『仮差押・仮処分に関する諸問題』（司法研究報告書）（1963 年）
『コンパクト民事保全法』（2003 年）
『訴訟と非訟の交錯』（2006 年）

民事裁判における適正手続

2014(平成26)年 8月30日　第1版第1刷発行
6805-01011:P280　¥3900E:070-030

著　者　戸　根　住　夫
発行者　今井　貴・稲葉文子
発行所　株式会社　信　山　社
〒113-0033　東京都文京区本郷 6-2-9-102
Tel 03-3818-1019　Fax 03-3818-0344
笠間来栖支店　〒309-1625 茨城県笠間市来栖 2345-1
Tel 0296-71-0215　Fax 0296-72-5410
笠間才木支店　〒309-1600 茨城県笠間市笠間 515-3
Tel 0296-71-9081　Fax 0296-71-9082
出版契約　2014-08-6805-8-01011
Printed in Japan, 2014,

印刷・ワイズ書籍　製本・牧製本
ISBN978-4-7972-6805-8 C3331 分類327.200-e001